세계사가 재미있어지는
20가지 수학 이야기

옮긴이 박소정

서울에서 태어나 고려대학교 중어중문학과, 이화여자대학교 통역번역대학원
한중과를 졸업했다. 대학원 졸업 후 잡지와 논문 등을 번역하고 삼성, CJ 등의
기업체에서 중국어 회화를 강의했다. 현재 번역집단 실크로드에서 중국어
전문 번역가로 활동하고 있으며, 옮긴 책으로 『나에게 주는 10가지 선물』
『1교시 철학수업』『심리죄: 프로파일링』『당신의 재능이 꿈을 받쳐주지 못할 때』
『결국 이기는 사마의』『식물학자의 식탁』『새는 건축가다』 등이 있다.

세계사가 재미있어지는

20가지
수학
이야기

차이톈신 지음 | 박소정 옮김

사람과
나무사이

인류의 발명품 가운데 가장 오래된 것은
수학과 시가(詩歌)다. 이 두 가지는 인류 역사와 동시에 생겨난 것
이나 마찬가지다. 수학은 양치기가 양이 몇 마리인지 세는 데서 시
작되었고 시가는 풍성한 수확을 비는 기도에서 비롯되었다. 다시
말해 수학과 시가는 인류의 생존과 밀접하게 연관된 것으로, 수학
은 비교적 이른 유목 문명에서 탄생했고 시가는 농경 문명 초기에
나타났다. 이후 수학과 시가는 인류 사회의 전 지역, 역사, 삶의 모
든 순간에 영향을 미쳤다.

2016년 초여름 나는 항저우에서 '아이들을 위한' 시리즈를 기획
한 편집자 베이다오를 만났다. 그는 내게 자신은 어렸을 때 수학을
못했지만 그래도 수학의 중요성은 안다고 말했다. 몇 년 전『아이
들을 위한 시(给孩子的诗)』를 출간해 히트를 친 그는 '아이들을 위한

수학 이야기'라는 제목으로 책을 써달라고 부탁했다. 하지만 나는 그 제안에 곧바로 응하지 않았다. 여기에는 세 가지 이유가 있었다.

첫째, 아이들이 이미 충분히 힘들다고 본 까닭에 학교 공부 이외의 부담을 안겨주고 싶지 않았다. 둘째, 어린이용 책을 한 번도 써본 적이 없어서 어떤 이야기를 다뤄야 아이들의 관심을 끌지 알지 못했다. 셋째, 내가 『수학전기—따라잡기 힘든 인물들』을 완성하기까지 25년이 걸린 터라 6개월 내에 원고를 마무리해달라는 요구를 수용하기가 힘들었다.

이후로도 베이다오는 내게 꾸준히 연락을 취했다. 그 성실함에 더해 그는 이런 말로 내게 감동을 안겨주었다.

"내가 다 살펴봤는데, 중국에서 이 책을 쓰기에 가장 적합한 사람은 바로 자네야."

20여 년을 알고 지낸 베이다오가 나를 그렇게까지 생각했을 거라고는 미처 예상하지 못했다. 결국 나는 그의 제안을 받아들였고 여름휴가를 보낸 뒤 곧바로 집필에 들어갔다. 무슨 일이든 처음이 어렵지 일단 시작하면 속도감이 붙게 마련이다. 나는 곧 다른 책을 쓸 때처럼 글쓰기에 온전히 빠져들었다.

사실 베이다오를 항저우에서 만났을 무렵 나는 위쳰춘이라는 청년에게 편지 한 통을 받았다. 위쳰춘은 자신이 정저우에 있는 목축업 전문대학을 졸업했는데 틈이 날 때마다 수학을 탐구한다고 했다. 고등 수학을 배우지 않았고 모듈러 연산 같은 기초 지식도 없는 상황에서 그는 몇 가지 흥미로운 수론 결과를 도출해냈다. 그 중 하나가 서로 이웃한 자연수 무한 개 조합을 제시한 것으로 이들 조합의 세제곱을 더하면 모두 세제곱수였다. 그런데 아쉽게도 그 결과는 외국인이 그보다 한발 앞서 얻어냈다.

그가 발견한 또 다른 것은 유명한 '카마이클 수'를 판단하는 새로운 방법이었다. 이는 기존 1차식을 2차식으로 대신한 것인데 나를 비롯해 수론 연구자들이 생각지 못한 것으로 꽤 효율적이었다. 카마이클 수는 유사 소수로 비록 소수는 아니지만 어느 정도 소수 성질을 내포하고 있다.

나는 위젠춘에게 그가 도출한 결과를 인정한다는 답장을 보냈다. 그는 나를 만나러 저장대학교에 오고 싶다고 했고 마침 대학원생 토론 수업을 진행하던 나는 그에게 30분 동안 발표해줄 것을 요청했다. 그에게 어떤 대단한 가설이 있어서라기보다 작은 문제에 집중하는 훌륭한 면모가 있었기 때문이다.

그 후 그의 소식은 중국뿐 아니라 해외에까지 알려졌는데 이 사례는 많은 대중이 수학에 깊은 관심을 보인다는 점을 시사한다. 수학은 때로 추상적이고 쓸모없어 보이기도 하지만 원하든 원치 않든 절대다수가 10년 넘게 수학을 배운다. 수학을 제대로 배우는 것은 행복하고 아름다운 일이다. 그러나 그 반대의 경우에는 고통스럽고 심지어 비참하기까지 하다.

누군가가 어떤 학문이나 학과를 마스터하는 일은 그가 해당 학문에 어느 정도 흥미가 있느냐에 달려 있다. 같은 맥락에서 이 책의 목적은 더 많은 사람이 수학을 이해하고 좋아하도록 돕는 데 있다. 비록 베이다오의 기대와 달리 책을 내기까지 1년이라는 시간이 걸렸지만 말이다. 그의 인내에 감사한다. 그 1년 동안 나는 이 책의 일부 내용을 신문과 잡지, SNS에 게재했다.

이 책을 출간해준 중신출판사를 비롯해 편집자 여러분에게 이 자리를 빌려 감사 인사를 전한다. 또한 수학에 관심이 있는 모든 독자가 이 책을 보고 그 나름대로 수확을 얻길 바라며 독자 여러분의 지적과 질책을 기대한다.

차이톈신

차례

II 수학자 이야기

III 재미있는 수학 문제

數學的思考

I

수학
이야기

1

우임금의 치수부터
알브레히트 뒤러의
〈멜랑콜리아〉까지

수(數)는 상고 시대 황허에서 등장한 '하도'와
뤄수이(洛水)에서 나타난 '낙서'가 그 기원이다.

— 정대위

대홍수 전설

대우치수(大禹治水, 여기서 '대우'는 중국 하(夏)나라 시조 우(禹)임금을 말함.—옮긴이)는 고대 한족 신화로 상고 시대의 대홍수 전설에서 기원하는데, 대홍수는 세계 각지 여러 민족에게 나타나는 공통 전설이다. 4대 문명(고대 이집트, 바빌로니아, 중국, 인도)과 그리스, 마야 신화를 보면 원인과 과정은 달라도 대홍수가 일어나거나 홍수로 세상이 멸망하는 전설이 등장한다.

중국 고대 전설에서 말하는 대홍수의 원인은 이렇다. 수신(水神) 공공과 화신(火神) 축융이 싸움을 했는데 그때 수신이 홧김에 하늘을 떠받치던 기둥인 부주산(不周山)을 무너뜨렸다. 이 때문에 하늘이 무너지고 땅이 꺼진 뒤 하늘을 삼킬 듯한 홍수가 일어났다. 히브리어와 그리스어 『성경』에서는 이를 다음과 같이 묘사한다.

"내가 홍수를 땅에 일으켜 무릇 생명의 기식 있는 육체를 천하에서 멸절하리니 땅에 있는 자가 다 죽으리라!"

하나님은 노아에게 거대한 방주를 만들어 세상 모든 생물을 암

에드워드 힉스 〈노아의 방주〉(1846) 필라델피아 미술관

수 한 쌍씩 태우라고 명한다. 방주는 길이 130미터, 너비 22미터, 높이 13미터로 상중하 3개 층으로 이뤄졌다. 하늘에서 폭우가 쏟아져 홍수가 엄습하고 물이 계속 불어나자 지상의 모든 생명체가 죽고 노아의 방주에 있던 생명체만 재난에서 벗어났다. 결국 홍수가 지나가고 유일하게 살아남은 노아 일가는 중동 지역 여러 민족의 조상이 된다.

세계 각지의 대홍수 전설 200여 개를 연구한 결과를 보면 90퍼센트 이상이 전 세계적인 홍수를 언급하고 있다. 또한 70퍼센트 이상이 선박의 도움을 받는다는 내용을, 50퍼센트 이상이 높은 산으로 올라간 덕분에 운 좋게 살아남는다는 내용을 담고 있다.

그렇다면 인류 역사에 실제로 대홍수가 있었을까? 과학자들은 대홍수가 일어났을 가능성을 부인하지 않는다. 다만 대홍수가 언제, 어디에서 일어났는지 누구도 확정하지 못할 뿐이다.

현재 지질학에서는 두 가지 이론이 널리 알려져 있다. 하나는 흑해 수해설이다. 7,000년 전 흑해는 농경지 주변을 둘러싼 담수호였지만 점차 빙하가 녹으면서 중동 지역에 홍수가 일어나 범람한 결과 흑해가 함수호(鹹水湖)로 변했다는 주장이다. 다른 하나는 혜성의 지구 충돌설이다. 5,000년 전 거대한 혜성이 아프리카 마다가스카르 해안에 부딪히면서 100미터에 이르는 해일이 발생했는데 그것이 북쪽으로 올라가 대홍수를 일으켰다는 이야기다.

한편 정반대 견해도 있다. 1만 2,000년 전 제4기 빙하기(뷔름 빙기)가 끝났을 때 날씨가 따뜻해지면서 빙하가 녹자 해수면이 상승

해 수많은 해안과 육지가 물에 잠겼다는 것이다. 결국 전 세계적인 대홍수가 일어난 것은 확실하지만 그것이 모든 걸 삼켜버릴 정도는 아니었다고 할 수 있다. 당시 막대한 손실을 본 해안가 사람들은 거처를 내륙으로 옮겼는데 그들이 무시무시한 홍수 이야기를 전하면서 대홍수 전설이 생겨났다. 이 견해는 바닷속에 잠긴 문명 유적과 해수에 잠겼던 흔적이 강력하게 뒷받침하고 있다.

대우치수와 낙서

중국 신화에서 대우는 황제의 현손(玄孫, 손자의 손자)이다. 대홍수로 황허가 범람하자 순(舜)임금의 명을 받은 우는 요(堯)임금 시절 치수를 맡았던 그의 부친 곤(鯀)에 이어 치수를 맡았다. 곤은 제방을 쌓아 홍수를 막으려다가 실패했다. 혼인한 지 얼마 지나지 않아 치수 책무를 맡아 멀리 떠난 우는 아버지의 실패를 교훈 삼아 물이 흐르게 하는 방법을 채택했다. 일에 몰두한 우는 집 앞을 세 번이나 지나면서도 집에 들르지 않았다고 전해진다. 그중 한 번은 갓 태어난 아들이 우는 소리를 듣고도 그냥 지나쳤다.

우가 13년간 노력한 끝에 치수에 성공한 이후 백성의 삶은 편안해졌다. 순임금은 우에게 임금 자리를 물려줌으로써 훗날 우의 아들 계(啓)로 이어지는 중국 최초의 왕조 국가 하나라가 세워졌다.

서한 시대 초기 민간에서는 다음의 이야기가 널리 퍼져 있었다.

대우치수 동안 뤄양 동북쪽 멍진현 황허에 등에 그림을 실은 신령스러운 말 한 필이 나타났고 사람들은 그 그림을 '하도(河圖)'라고 불렀다. 또 뤄양 서남쪽 뤄닝현 뤄허(洛河)에 신령한 거북이 나타났는데 거북 등에 길조를 상징하는 무늬가 있어 사람들은 이를 '낙서(洛書)'라고 불렀다.

낙서에는 행과 열이 세 개씩이고 1부터 9까지 숫자 9개가 적힌 종횡도(縱橫圖)가 있었다. 그리고 각 행, 열, 대각선에 있는 숫자 세 개의 합은 모두 15였다.

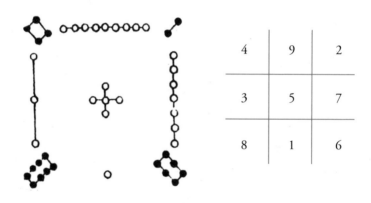

낙서 환방(幻方, 마방진)   낙서 종횡도

각 행렬 숫자의 합이 15인 이유는 1부터 9까지 숫자를 모두 더하면 45이고 이를 3으로 나누면 15이기 때문이다. 어떤 전문가는

이것을 고대 중국에서 1년을 24절기로 나누고 각 절기가 15일이 된 근거로 보기도 한다.

종횡도는 구궁도(九宮圖) 또는 마방(魔方)이라고도 하는데 이는 과학의 결정체이자 길상(吉祥)의 상징이다. 중국에서 사용하는 스마트폰 한어 병음 자판도 구궁격 도안을 채택한 것이다.

기원전 1세기 전한(前漢) 선제(宣帝) 때 대덕(戴德)이 지은 『대대례(大戴禮)』 「명당편(明堂篇)」에는 "2·9·4, 7·5·3, 6·1·8"이라는 구궁 수가 나온다. 『상서(尚書)』, 『논어(論語)』, 『관자(管子)』도 하도와 낙서를 언급하고 있다. 『주역(周易)』은 복희팔괘(伏羲八卦)에서 기원한 것으로 알려져 있는데 복희팔괘 역시 하도와 낙서에서 비롯되었다.

한데 송대 이후 하도와 낙서가 실제로 존재했는가를 두고 논란이 일었다. '당송팔대가' 중 한 명인 구양수(歐陽脩)는 하도가 『주역』보다 앞서지 않는다고 봤고, 원대에도 하도와 낙서가 『주역』에서 비롯되었다고 여기는 학자들이 있었다. 일부 현대 역사학자는 아예 낙서의 존재 자체를 인정하지 않는다.

그러다가 1977년 안후이성 푸양현에 있는 서한 시대 고분에서 태을구궁점판(太乙九宮占盤)이 출토되었다. 점판에 나온 숫자는 1:9, 2:8, 3:7, 4:6으로 낙서와 완전히 일치했고 결국 900년 동안 이어진 하도와 낙서의 진위 논쟁은 끝이 났다. 이후 낙서도 수학 분과 중 하나인 조합론의 기원으로 인정받았다.

명나라 수학자 정대위(程大位, 1533~1592)는 『산법통종(算法統宗)』 (1593)에 다음과 같이 적었다.

"수는 상고 시대 황허에서 등장한 '하도'와 뤄수이에서 나타난 '낙서'가 그 기원이다. 복희는 하도에 의존해 팔괘를 그렸고 대우는 낙서에 따라 구주(九州)를 나누었으며, 성인들은 이를 근거로 치국안민(治國安民)하는 양책을 만들어냈다."

정대위는 대우가 낙서에 나오는 수의 상호 제약, 균형, 통일에서 영감을 받아 국가의 법체계를 세움으로써 천하를 태평하게 다스릴 수 있었다고 지적했다.

동양의 마방 플레이어

수학사에 등장하는 문제는 대부분 하나 혹은 몇 가지 단순한 예시가 그 출발점이다. 사람들은 구궁수에서 착안해 환방(幻方)을 정의했는데 영어로는 이것을 '매직 스퀘어(magic square)'라고 부른다. 이는 서로 다른 숫자를 정사각형 격자에 배열해 각 행, 각 열, 두 대각선에 놓인 숫자의 합이 모두 같게 만드는 방법이다. 정사각형 행(열)의 개수는 환방에서 '계(階)'라고 부르는데, 계가 2개인 환방은 존재하지 않으며 환방이려면 최소 3개의 계가 필요하다.

모든 환방은 회전하거나 반사해도 여전히 환방이다. 등가 형식은 총 8가지이고 이것을 동류로 분류하며 3계 환방이나 종횡도가 한 종류밖에 없다는 것은 쉽게 검증할 수 있다. 그렇지만 이는 4계 환방과 5계 환방의 종류가 각각 880가지, 275,305,224가지가 있다는 걸 계산한 사람이 있음을 전혀 생각지 못한 것이다. 또한 6계 환방은 약 1.8×10^{19} 가지라고 하는데 이는 그야말로 천문학적 숫자다.

n 계 환방 원소의 합은 1부터 n^2 까지 더한 것과 같으므로 $\frac{n^2(n^2+1)}{2}$ 이 된다. 이를 n으로 나누면 각 항, 열, 대각선 숫자의 합은 $\frac{n(n^2+1)}{2}$ 이다. 이때 $n=3$이면 15가 되고 $n=4$면 34가 된다.

고대 인도, 페르시아, 아라비아에는 모두 환방을 연구하는 사람이 있었다.

먼저 인도인을 살펴보자. 초기 브라만교나 오늘날 힌두교에서 3계 환방은 의식의 일부로 신령과 같은 이름으로 불린다. 예를 들어 쿠베라 콜람(Kubera kolam)의 경우 쿠베라는 남인도의 재신(財神)이고 콜람은 전통 파스텔화다. 사람들은 옥수수 가루나 분필로 사원 바닥과 벽에 환방을 그렸는데 경건한 신도는 이곳에서 수계(受戒, 불교에 귀의한 사람들이 지켜야 할 계율을 받는 것.—옮긴이)하고 부와 복을 기원했다.

특히 10세기 인도인은 4계 환방을 발명해 카주라호에 있는 자이나교 사원 벽에 이를 새겼다. 신기하게도 이 환방은 모든 행, 열, 대각선을 제외하고도 인접한 두 행과 두 열에 있는 원소 4개의 합이 34다. 이는 완벽한 환방으로 보이지만 인도 숫자와 아라비아 숫자를 진지하게 비교 대조해야 숫자 16개를 분간할 수 있다.

7	12	1	14
2	13	8	11
16	3	10	5
9	6	15	4

카주라호 자이나교 사원 벽에 있는 환방

그다음으로 아라비아인을 살펴보자. 아라비아인은 인도 여행자가 전해준 수학과 천문학 분야에서 어느 정도 발전을 이뤄냈다. 지금까지 최초의 5계 환방과 6계 환방은 983년 무렵 바그다드에서 처음 등장했으며 아라비아인은 환방을 천문학에 응용했다. 그 이전에 페르시아에서도 환방을 연구한 사람이 있었는데 초기 수학 저서를 보면 등차수열로 구성한 여러 환방이 나온다.

1956년 고고학자들이 시안 교외에 있는 원나라 안서 왕부의 옛터에서 철판 5개를 발굴했다. 철판 위에는 아라비아 숫자로 표시한 6계 환방이 새겨져 있는데 각 행, 열, 대각선에 있는 숫자의 합은 모두 111이다. 이 기물은 왕부에서 퇴마와 액땜에 사용한 것으로 보인다. 1980년 상하이 푸둥 루자쭈이에서는 목에 걸 수 있는 원나라의 옥 장식을 발굴했다. 이 장식의 앞면에는 "세상 만물에는 주인이 없다. 오직 진리의 주재자만 있을 뿐이다. 무함마드는 진리의 사자다"라고 적혀 있고 뒷면에는 4계 환방이 있다.

13세기 남송의 수학자 양휘(楊輝, 1238~1298)는 환방 연구 전문가로 쑤저우와 타이저우 등지에서 지방관으로 일했다. 고대 중국의 많은 수학자와 마찬가지로 여가 시간에 수학을 연구한 그는 등차수열 합의 공식을 사용해 3계 환방과 4계 환방 계산법을 제시했다. 비록 4계 이상 환방 결과만 제시하고 산법을 남기지는 않았지만 양휘의 5계, 6계, 10계 환방은 모두 정확했다.

〈멜랑콜리아〉를 그린 뒤러

유럽에서 가장 유명한 환방은 4계 환방으로 독일 화가 알브레히트 뒤러(Albrecht Dürer, 1471~1528)의 동판화 〈멜랑콜리아 I(Melencolia I)〉(1514)에도 등장한다. 그림에는 손으로 턱을 괴고 골똘히 생각에 잠긴 듯한 젊은 여성을 중심으로 그녀의 기지와 지혜를 나타내는 날개 한 쌍, 구체 1개, 다면체 1개 그리고 빛(혜성 또는 등대)과 무지개가 등장한다. 그림의 오른쪽 위에 창문처럼 생긴 정사각형이 있는데 이것이 바로 4계 환방이다.

환방은 그림에 신비로운 분위기를 더하면서 '멜랑콜리아(우울)'라는 주제를 부각하고 있다. 이 환방은 예술 작품에 처음 등장한 것으로 높이 24센티미터, 폭 19센티미터에 불과한 이 그림을 세계적인 명화로 만드는 데 일조했다. 뒤러의 환방은 각 행, 열, 대각선에 있는 숫자의 합이 모두 34다. 특히 네 모서리 숫자의 합과 정중

알브레히트 뒤러 〈멜랑콜리아 I〉(1514)

16	3	2	13
5	10	11	8
9	6	7	12
4	15	14	1

뒤러의 환방

앙에 있는 작은 정사각형 숫자 4개의 합도 34라는 점을 눈여겨볼 필요가 있다.

더 재미있는 것은 마지막 행 중간에 있는 숫자 15와 14를 나란히 붙여놓으면 이 그림이 탄생한 해인 1514년이 나온다는 점이다. 이는 뒤러가 환방 구조에 정통했음을 시사한다. 그러나 뒤러의 환방은 인도 카주라호 사원 벽에 등장하는 환방에 비해 좀 뒤떨어진다. 후자의 경우 작은 정사각형(총 9개) 숫자 4개의 합이 전부 34다.

다재다능했던 뒤러는 1471년 독일 뉘른베르크에서 태어났지만 거의 20년 동안 네덜란드, 스위스, 이탈리아 등지에서 살거나 그곳을 여행했다. 유화, 판화, 목각, 삽화 등 광범위한 창작 분야에서 지적·이성적 특징을 보인 그는 예술 이론과 과학 저서 집필에도 힘썼다.

뒤러는 르네상스 시대 예술가 중 수학을 가장 잘한 사람으로 보인다. 그의 저서 『컴퍼스와 자를 이용한 측정법(Underweysung der

Messung mit dem Zirckel und Richtscheyt)』(1525)은 주로 기하학을 다루면서 원근법도 언급하고 있다. 또한 공간곡선과 평면상의 투영을 이야기하고 회전하는 원 위의 한 점이 그리는 궤적인 에피사이클로이드(Epicycloid)를 소개하기도 했다. 심지어 뒤러는 서로 수직인 세 평면 위의 곡선 직교 투영을 생각해냈는데 상당히 선구적인 이 견해는 18세기 프랑스 수학자 가스파르 몽주(Gaspard Monge, 1746~1818)에 이르러서야 관련 수학 분과인 화법기하학으로 발전했다.

알브레히트 뒤러 〈자화상〉(1498) 프라도 미술관

일반적으로 회화 언어에서 색채는 감정 표현보다 오래가고 선은 이성 표현보다 오래간다. 통상 독일 민족은 이성적 사고에 강해 독일 화가들이 선을 활용하는 데 능하다고 주장하는 사람도 있다. 이견해가 정확한지는 모르겠으나 뒤러만큼은 확실히 그런 것 같다. 실제로 그는 자신이 관찰한 대상과 복잡한 구상을 선으로 세밀하게 표현했다. 여하튼 뒤러는 자신의 풍부한 생각과 열정적인 이상을 결합해 특별한 효과를 내면서 미술사에 뚜렷한 족적을 남겼다.

20세기 스페인 건축가 안토니 가우디(Antoni Gaudí, 1852~1926)의 대표작인 바르셀로나 사그라다 파밀리아 대성당(Basílica de la Sagrada Família) 서쪽 파사드에는 4계 환방을 새긴 석조 조형물이 있다. 자세히 보면 이 환방의 각 행, 열, 대각선 숫자의 합이 34가 아니라 33임을 알 수 있다. 이는 예수 그리스도가 33세에 승천한 것을 의미한다고 전해지는데 사람의 척추골도 33개다. 아이디어가 풍부했던 설계자 주젭 마리아 수비락스(Josep Maria Subirachs)는 10과 14를 두 번 사용하는 대신 12와 16을 없애버렸다.

중국 작가 김용(金庸)의 소설 『사조영웅전(射鵰英雄傳)』(1957)에서 등장인물 곽정과 황용은 구천인에게 쫓겨나 흑룡담으로 갔다가 영고의 집에 숨어든다. 그때 영고가 문제를 하나 내는데 그게 바로 3계 종횡도다. 이것은 영고를 10년 넘게 괴롭힌 문제였지만 황용은 이를 단번에 해결한다. 미국 작가 댄 브라운(Dan Brown)의 소설 『로스트 심벌(The Lost Symbol)』(2009)에서는 뒤러와 그가 만든 환방이 작품을 구성하는 필수불가결한 요소로 나온다.

바르셀로나 사그라다 파밀리아 대성당 서쪽 파사드에 있는 환방

2

마르코 폴로와 아라비아 숫자의 여행

아라비아 숫자 전파와 마르코 폴로의 여행은 둘 다 지중해를 돌아갔지만
한쪽은 시계 방향으로 갔고, 다른 한쪽은 시계 반대 방향으로 갔다.

—『제기(題記)』

영(0)과 인도 숫자

1, 2, 3, 4, 5, 6, 7, 8, 9, 0. 이 간결하고 보기 좋은 부호 10개와 그 조합으로 이뤄진 십진법 체계가 흔히 말하는 아라비아 숫자다. 우리는 이 숫자로 덧셈, 뺄셈, 곱셈, 나눗셈이라는 사칙연산을 한다. 만약 숫자가 1부터 7까지만 있다면 월요일부터 일요일까지 일주일을 대신하거나 음악 악보 제작에 쓸 수도 있다.

오늘날 대다수가 사용하는 아라비아 숫자는 과연 아라비아인이 발명한 것일까?

1881년 여름, 지금의 파키스탄(당시와 고대에는 대부분의 시간 동안 인도에 속했다) 서북부에 있는 페샤와르(당나라 고승 현장이 인도로 가는 길에 이곳을 지나며 꽃과 과일이 풍부한 좋은 땅이라고 칭송한 바 있다)에서 80여 킬로미터 떨어진 바크샬리의 한 소작농이 땅을 파다가 자작나무 껍질에 적힌 『바크샬리 필사본(Bakhshali manuscript)』을 발견했다. 3~4세기에 제작된 것으로 추정되는 필사본 겉면에는 서기 원년을 전후로 수 세기에 걸친 인도 수학이 기록되어 있었다.

예를 들면 분수, 제곱수, 비례, 수열, 수지와 이윤 계산, 급수의 합과 대수방정식 등이 있었다. 그뿐 아니라 뺄셈 부호를 사용해 오늘날의 덧셈 부호 같은 형태를 만들기도 했다. 이 부호는 뺌수의 오른쪽에 적었고 덧셈 부호와 곱셈, 나눗셈, 등호는 문자로 표시했다. 가장 의미 있는 것은 필사본에 완전한 십진법 숫자가 등장한 점이며 그중 속을 채운 점으로 '영'을 표시했다.

영을 나타내던 점은 시간이 흐르면서 현재 사용하는 '0'으로 변했다. 이 형태가 나타난 가장 앞선(9세기) 유적이 인도에 있다. 876년 괄리오르 사람이 새긴 석비에 숫자 0이 선명하게 보인다. 괄리오르는 인도 북부 도시로 갠지스강 유역에서 인구가 가장 밀집된 마디아프라데시주에 속한다. 화원에 있던 그 석비에는 근처 사원에 기증한 땅의 폭과 길이, 매일 해당 사원에 공급하고자 준비한 화환이나 화관의 수를 새기고 있는데 여기에서 비록 크지는 않지만 선명하게 새긴 숫자 0 두 개를 볼 수 있다.

영을 동그라미로 표시한 것은 인도인의 대단한 발명이다. 0은 무(無)를 의미하기도 하고 자리 표기법에서 빈자리를 나타내기도 한다. 또 수의 기본 단위로써 다른 수와 함께 계산할 수도 있다. 수메르인이 발명한 설형문자나 송원 시대 이전의 산가지 기수법은 모두 빈자리만 남겨두었을 뿐 부호는 없었다. 60진법을 쓴 바빌로니아인과 20진법을 쓴 마야인이 0(마야인은 조개껍데기나 눈으로 표시했다)을 도입했다고 말할 수도 있으나 이는 빈자리만 표시한 것뿐이며 0을 독립 숫자로 간주한 것은 아니었다.

1부터 9까지 아라비아 숫자 9개의 초기 형태도 인도인이 가장 먼저 발명했지만 정확한 시기는 고증하기 어렵다. 근대 고고학 발달로 인도에 있는 오래된 돌기둥과 동굴 벽에서 이들 숫자의 흔적을 발견했는데 그 시기는 대략 기원전 250년에서 기원전 200년 사이로 추정하고 있다. 이 시기와 이후 몇 세기 동안 자모문자에 미지수나 숫자 부호가 없었기 때문에 아라비아 숫자가 힘을 발휘했다.

고대 인도는 고대 바빌로니아, 이집트, 중국과 마찬가지로 수학에 지대한 공헌을 했다. 다만 인도 수학은 그 뿌리가 종교라는 점에서 나머지 세 문명과 차이가 있다. 신비와 종교가 성행하는 인도에서는 브라만교, 자이나교, 불교, 시크교, 인도교(힌두교) 등 유명 종교가 탄생했다. 그중 역사가 가장 오래된 브라만교는 이 종교의 유일한 경전 『베다(Vedah)』를 중심으로 발달한 종교다.

초기에 제사장의 입에서 입으로 전해진 『베다』는 이후 야자수 잎이나 나무껍질에 기록했다. 그 전승 과정에서 많은 부분이 사라졌으나 잔존하는 부분에 사당, 제단 설계와 측량 내용이 담겨 있다. 이것이 바로 인도에서 가장 오래된 수학 문헌 『술바수트라스(Śulbasūtras)』다. 출판 연대는 기원전 8세기부터 기원전 2세기로 추정하는데 이는 인도의 두 고전 서사시 「마하바라타(Mahābhārata)」와 「라마야나(Ramayana)」보다 앞선 것이다.

『술바수트라스』에는 제단 건축법이 들어 있으며 그 가장 흔한 형태는 직사각형, 원형, 반원형이다. 어떤 형태든 제단 면적은 특정 수치와 같아야 했기 때문에 인도인은 정사각형과 면적이 같은

원을 그리는 법을 배워야 했고 이를 위해서는 원주율이 정확해야
했다. 등변사다리꼴 형태의 제단은 새로운 기하 문제를 제기하기
도 했다. 결국 인도 숫자와 0 기호는 『술바수트라스』에서 파생한
것으로 볼 수 있다.

아라비아를 유람한 여행가

아라비아반도는 아라비아해를 사이에 두고 인도와 마주 보고
있는데 이는 중국과 일본 사이의 거리와 비슷하다. 아라비아인은
한 면이 사막에 닿아 있고 삼면이 바다로 둘러싸인 자신의 반도를
섬이라고 불렀다. 시간이 흐르면서 이슬람 세력 범위가 확대되자
인도와 아라비아는 지리적으로 점차 가까워졌다.

아라비아제국의 번영은 인류 역사에 멋진 일화로 남아 있다.
622년 52세 무함마드(Muhammad, c. 570~632)는 박해를 피해 추종자
70여 명과 함께 고향 메카에서 200킬로미터 떨어진 메디나로 갔
으며, 이때 신도 수가 급증했다. 무함마드가 62세에 사망하자 이후
10년 동안 1대 칼리파와 2대 칼리파(모두 그의 장인이다)가 군대를 통
솔해 페르시아 대군을 격파하고 메소포타미아, 시리아, 팔레스타
인을 점령하는 한편 비잔티움의 손에서 이집트까지 쟁취했다.

650년 무렵 무함마드와 그의 추종자들이 얻은 알라의 계시를
엮어 『꾸란(Qur'ān)』을 펴냈다. 이것은 이슬람교의 네 가지 율법 원

칙(꾸란(신의 말씀), 하디스(Hadīth, 무함마드의 언행), 이즈마(Ijmā, 합의), 끼야스(Qiyās, 유추)) 중 으뜸이 되었다. 711년 북아프리카를 평정한 뒤 대서양을 목표로 삼은 아라비아인은 북으로 지브롤터 해협을 지나 스페인을 점령하고 인류 역사상 최대 제국을 건설했다. 무슬림군은 가는 곳마다 여지없이 이슬람교를 전파했다.

755년 칼리파의 권력 다툼으로 아라비아제국은 과거의 로마제국처럼 동서로 나뉘어 독립 왕국 두 개로 분열되었다. 서쪽 왕국은 스페인의 코르도바에, 동쪽 왕국은 시리아의 다마스쿠스에 수도를 정했다. 후자는 아바스 가문이 권력을 장악한 이후 무게 중심이 지금의 이라크 수도인 바그다드로 점차 이동했고 이곳에 '세상에 둘도 없는 도시'를 세웠다. 결국 아바스 왕조(750~1258)는 이슬람 역사상 가장 이름을 떨치고 가장 오랜 기간 통치한 왕조로 남았다.

바그다드는 티그리스강과 유프라테스강이 가장 가까워지는 곳 부근에 위치해 있으며 주변은 평탄한 충적 평야다. 페르시아어로 '신이 준 선물'이라는 뜻의 바그다드는 762년 수도가 된 이후 번영을 구가했다. 771년 어느 인도 여행가가 과학 논문 두 편을 들고 바그다드를 방문했는데 그중 하나는 천문학과 관련이 있었다. 국왕은 이 논문을 아라비아어로 번역하라고 명했고 그 인도 여행가는 이슬람 세계 최초의 천문학자가 되었다. 이는 당시 아라비아 세계의 과학 분야가 백지 상태였음을 의미한다.

사막에서 생활한 아라비아인은 본래 별의 위치에 관심이 많았는데 이슬람교를 신봉하면서 천문학을 연구할 동기가 더 늘어났다. 어디에 있든 매일 메카를 향해 다섯 번 기도해야 하는 그들에게는 정확한 방향이 무척 중요했기 때문이다. 무슬림은 놀라울 정도로 시간을 잘 지키며 심지어 비행기 내에도 기도실을 갖추고 있다.

인도 여행가가 가지고 온 다른 논문 한 편은 인도 수학자이며 천문학자인 브라마굽타(Brahmagupta, 598~c. 665)의 수학 논문이었다. 우리가 흔히 말하는 아라비아 숫자는 아라비아인이 일컫는 인도 숫자인데 이 논문이 그것을 이슬람 세계에 전해준 것이다. 이들 숫자는 아라비아인의 손을 거쳐 아라비아 숫자로 탈바꿈했고 점차 유럽에 전해졌다. 13세기 초 이탈리아인 피보나치(Fibonacci, 1170~1250(?))는 『주판서(珠板書, Liber Abaci)』(1202)에 이미 0을 포함해 완전한 인도 숫자를 소개하고 있다.

유럽인이 소화, 흡수, 수정한 인도 숫자와 십진법은 근대 과학 진보에 중요한 역할을 담당했다. 눈여겨볼 것은 유럽인의 손을 거친 아라비아 숫자에 비해 인도 괄리오르 석비에 새겨진 숫자가 오늘날 전 세계에서 사용하는 아라비아 숫자에 더 가까워 보인다는 점이다. 실제로 아라비아 숫자의 학명은 '인도 숫자' 또는 '인도—아라비아 숫자'다. 초기에 인도 숫자는 외재적인 것에 불과했고 그것이 유럽인에게 받아들여지려면 내실이 있어야 했는데 고대 인도인과 아라비아인이 이룬 수학 성과가 이를 실현했다.

번역 시대와 비잔티움

사실 인도인의 수학과 문화 수출은 상당히 제한적이었다. 아라비아인의 학술과 생활에 가장 큰 영향을 준 이국적인 요소는 오히려 그리스 문화였다. 아라비아인이 시리아와 이집트를 정복한 이후 접한 그리스 문화유산은 이들에게 가장 소중한 재산으로 자리매김했다. 아라비아인은 이곳저곳에서 그리스인의 저서를 찾아냈고 유클리드(Eukleídēs, 기원전 300년 무렵 활동)의 『기하학 원론(The Elements)』, 프톨레마이오스(Kláudios Ptolemaîos)의 『지리학(The Geography)』, 플라톤(Plátōn)의 저서 등을 포함한 여러 서적을 잇달아 아라비아어로 번역했다.

알마문(Al-Ma'mun, 재위 813~833)이 아바스 왕조의 7대 칼리파가 된 뒤 그리스의 영향력은 최고조에 달했다. 알마문은 이성에 심취했는데 그가 꿈에서 만난 아리스토텔레스(Aristotélēs, 384~322BC)에게 이성과 이슬람교 교리 사이에 차이가 없다며 안심시켰다는 이야기가 전해진다. 830년 알마문은 바그다드에 '지혜의 전당(Bayt al-Ḥikmah)'을 짓고 '백 년 번역 운동'을 시작하라고 명했다. 지혜의 전당은 도서관, 과학원, 번역국을 하나로 합한 연합기구로 기원전 3세기 알렉산드리아 도서관 이후 가장 중요한 학술기관으로 손꼽힌다.

빠른 속도로 세계 학술의 중심이 된 지혜의 전당에서는 철학, 의학, 동물학, 식물학, 천문학, 수학, 기계, 건축, 이슬람교 교리, 아라비아어 문법 등 다양한 학문을 연구했다. 아바스 왕조 초기라는 이 길고도 효과적인 번역 시대 후반기에 바그다드는 과학 분야에서 독창성을 발휘했다.

그중 가장 중요하면서도 영향력이 있었던 인물은 수학자 겸 천문학자인 알콰리즈미(Al-Khwārizmī, c. 780~c. 850)다. 그가 과거 페르시아 국교인 배화교를 믿었다는 점을 근거로 추측해보면 그는 순수한 아라비아인이 아니라 페르시아인 후손일 가능성이 높다. 적어도 정신적으로는 페르시아 쪽에 가까웠을 것이다. 529년 동로마제국의 유스티니아누스 황제(Iustinianus I, 재위 527~565)가 플라톤의 아카데메이아를 폐쇄하라고 명한 뒤 많은 그리스 학자가 페르시아로 건너가 문명의 씨앗을 뿌렸다고 전해진다. 아라비아어에 정통한 알콰리즈미는 지혜의 전당을 이끄는 지도자로 활동했다.

알콰리즈미는 수학 분야에서 훌륭한 두 작품을 남겼다. 그중 하나가 대수학 역사상 가장 중요한 책으로 평가받는 『알자브르와 알무카발라(Kitāb al-jabr wa al-muqābalah, 적분과 방정식의 책)』다. 여기서 알자브르는 이항, 알무카발라는 동류항 정리를 의미한다. 820년 무렵 세상에 선보인 이 책은 12세기에 라틴어로 옮겨지며 유럽에 지대한 영향을 끼쳤다. 알자브르는 라틴어로 '알게브라(algebra)'라고 번역되었고 이것이 바로 오늘날의 '대수학'을 말한다. 즉 이집트인은 기하학을 발명하고 아라비아인은 대수학의 이름을 지은 것이다.

유럽은 수 세기 동안 동양학자 알콰리즈미의 저서를 교과서로 사용했는데 유럽에서 이는 매우 드문 일이다. 길고 긴 유럽의 암흑

시대가 마무리 단계에 접어들고 프랑스인 최초로 로마 교황 자리에 오른 실베스테르 2세(Pope Sylvester II, 재위 999~1003) 시대에 그리스 수학과 과학 분야의 권위 있는 저작이 서유럽에 전해지기 시작했다. 아라비아인이 수 세기 동안 거의 완전무결하게 보존한 그리스인의 학술 저서가 유럽으로 되돌아간 것이다.

그리스어에서 아라비아어로의 번역은 주로 바그다드의 지혜의 전당에서 완성했지만 아라비아어에서 라틴어로의 번역 경로는 비교적 다양했다. 대표적으로 스페인의 옛 성 톨레도(훗날 이 도시에 수많은 유럽 학자가 몰려든다), 시칠리아(한때 아라비아인의 식민지였다), 바그다드와 콘스탄티노플(외교관이 많다)에서 번역이 이루어졌다.

여기서 콘스탄티노플(오늘날 터키 이스탄불)을 수도로 삼은 비잔티움제국, 즉 분열된 로마제국에서 나온 동로마제국을 좀 더 들여다보자. 아바스 왕조 전체를 포괄하는 비잔티움제국은 유럽에서 가장 역사가 오래된 군주국으로 주민들은 동방정교(그리스정교)를 믿었다. 그러다 보니 이들의 문화와 종교는 지금도 동유럽 각국에 영향을 주고 있다.

현재까지 남아 있는 고대 그리스와 로마의 저작, 사료, 이성 철학 사상은 유럽의 르네상스 운동을 일으키고 인류사에 커다란 영향을 끼쳤다. 특히 비잔티움제국은 지리적으로 동서양이 소통하는 다리 역할을 하는 동시에 거대한 제국 규모와 종교적 차이로 유럽인, 아라비아인, 아시아인 사이의 교류를 가로막기도 했다.

마르코 폴로의 여행

오늘날 전 세계에 존재하는 수많은 언어 체계 중 인도—아라비아 숫자 또는 아라비아 숫자는 유일하게 각국에서 통용되는 부호다(로마자 사용 범위보다 넓다). 아라비아 숫자가 없었다면 과학기술, 문화, 정치, 경제, 군사, 체육 등 여러 방면에서 전 세계적 교류가 곤란한 것을 넘어 교류 자체가 불가능했을지도 모른다.

전성기에 원정을 떠난 아라비아인은 북아프리카에 아라비아 숫자를 전해주었다. 그들의 원정은 이집트에서 모로코를 거친 뒤 지브롤터 해협을 건너 스페인까지 이르렀다. 그 시절 이탈리아인 피보나치는 북아프리카를 유람하던 중 무슬림 수학자에게 가르침을 받았다. 그는 이탈리아로 돌아온 후 1202년 수학 저서를 펴냈는데 이는 아라비아 숫자가 유럽에 전파된 이정표라고 할 수 있다. 아라비아 숫자의 전파 경로는 같은 시기 중국의 제지술 전파 경로와 거의 일치하며 이 둘은 머지않아 닥칠 이탈리아 르네상스의 촉매제 역할을 했다.

흥미로운 사실은 같은 13세기에 베네치아 상인 마르코 폴로(Marco Polo, 1254~1324)가 동양을 방문하고 나서 그 명성만큼이나 많은 논쟁을 불러일으킨 여행기를 후세에 남긴 점이다. 당시 유라시아대륙을 넘어 콘스탄티노플에서도 전란이 일어나는 바람에 마르코 폴로 일행은 지중해를 거치고 북아프리카를 경유해서 중동에 도달할 수밖에 없었다. 다시 말해 그는 아라비아 숫자의 전파 노선과 반대 방향으로 나아갔다.

상대적으로 완전한 『동방견문록(Livres des Merveilles du Monde)』 판본에 따르면 1271년 어느 날 마르코 폴로는 부친, 숙부와 함께 배를 타고 고향 베네치아에서 출발했다. 그들이 처음 도착한 곳은 지중해 동해안에 위치한 이스라엘 항구도시 아코였다. 그 후 그들이 탄 배는 북아프리카의 어느 항구에 정박했다.

그 뒤 마르코 폴로 일가는 육로로 흑해 남안에 있는 도시이자 오늘날 터키에 속하는 트라브존으로 갔는데, 당시 그곳은 콤네누스 왕조의 수도였다. 마르코 폴로는 그곳에서 다시 동쪽으로 방향을 틀어 이란고원과 파미르고원을 지나 중국으로 들어갔다. 24년 뒤 마르코 폴로 일행은 푸젠성 취안저우에서 출발해 해로로 페르시아만에 도달한 다음 트라브존에서 잠시 상황을 지켜보았다. 그 무렵 비잔티움제국은 정세가 어느 정도 안정적이었던 터라 마르코 폴로는 중동과 북아프리카를 우회하지 않고 보스포루스 해협을 건너 남유럽을 지나 베네치아로 돌아왔다.

재밌게도 인도 숫자는 아라비아 숫자로 오인 받지만 아라비아인은 이를 인정하지 않는다. 전 세계에서 광범위하게 쓰이는 숫자가 정작 아라비아 국가에서는 현지인에게 환영받기는커녕 거리에서도 좀처럼 찾아보기 힘들다. 그들은 여전히 아랍어 숫자를 가장 많이 사용하고 있다. 처음 온 이방인이 보기에 이는 낯선 풍경이지만 아라비아인은 전혀 개의치 않는다.

어쨌든 부호가 열 개에 불과해 이방인들은 아라비아 국가에 머

두 가지 숫자 체계로 적힌 이집트 자동차 번호판

무는 동안 점차 아랍어 숫자에 익숙해진다. 알다시피 모든 문자에
는 1, 2, 3, 4에 대응하는 숫자 어휘가 있다. 중국어로는 '一, 二, 三,
四', 영어로는 'one, two, three, four'가 그러하다. 따라서 아라비아인
에게 그들만의 숫자 체계가 있다는 것은 신기한 일이 아니다. 다만
그 사용률이 월등히 높을 뿐이다. 자동차 번호판에도 아랍어 숫자
와 아라비아 숫자를 함께 사용하는데 이는 세계에서 유일무이한
광경이다.

　아라비아 숫자는 13세기를 전후해 이슬람교도가 내륙에 전해
주고 17세기에는 유럽 선교사가 동부 해안지대에 전해주었지만
제대로 광범위하게 사용된 것은 20세기 초에 이르러서다. 이후 아
라비아 숫자는 근대 수학 부흥을 이끌었고 지금은 우리 생활에 없
어서는 안 될 정도로 중요한 위치를 차지하게 되었다.

3

수탉, 암탉,
병아리
그리고 토끼

감각을 거치지 않고 얻을 수 있는 지혜는 없다.

— 토마스 아퀴나스

당나라의 수학 교과서

639년 아라비아인이 비잔티움제국의 지배를 받고 있던 이집트를 대거 침입했다. 아라비아인과 3년간 교전을 벌인 비잔티움군은 어쩔 수 없이 이집트를 떠나야 했다. 침입자들은 학술 보고(寶庫)인 알렉산드리아 도서관에 남아 있던 몇 안 되는 저서를 불태웠고 결국 그리스 문명은 막을 내렸다. 이후 이집트에 카이로가 생기면서 이집트인은 아라비아어를 쓰고 이슬람교를 신봉했다.

당시 중국은 당태종 이세민(李世民, 재위 626~649)이 재위에 올라 융성기를 맞이한 시기였다. 당나라는 중국 봉건사회가 가장 번영한 시대로 끊임없이 영토를 확장하고 있었다. 수도 장안(지금의 시안)에는 각국의 수많은 상인과 명사가 집결했고 중국은 서역, 일본 등지와 활발하게 교류했다.

비록 당나라는 위진남북조 시대나 송원 시대에 필적할 만한 수학의 대가를 배출하지는 못했지만 수학 교육제도 확립과 고서 정리에는 어느 정도 기여했다. 당나라는 북조와 수나라에서 시작한 산학(算學) 제도를 따랐을 뿐 아니라 '산학박사'라는 관직도 만들었다.

고대 중국에서 산학박사는 한 가지 기술에만 정통한 관직이 아니었으며 서진 시대에는 율학박사, 북위 시대에는 의학박사라는 관직도 있었다. 당나라는 산학박사라는 관직 외에 과거시험에 수학 과목을 넣어 시험을 통과한 사람에게 관직을 주었다. 하지만 등급이 가장 낮았고 그마저 당나라 말기에 폐지되었다.

사실 당나라의 주류 문화는 인문주의였기에 과학 기술은 그다지 중요하게 여기지 않았다. 이러한 분위기는 이탈리아 르네상스 시기와 상당히 흡사하다. 300여 년간 중국을 통치한 당나라는 시가 분야에서 눈부신 성과를 거두었으나 수학 분야는 다소 부진했다. 가장 의미 있는 성과로 볼 수 있는 것은 당고종 이치(李治, 재위 649~683)의 명으로 편찬한 『산경십서(算經十書)』(중국 고전 수학서 10종―옮긴이)다.

『산경십서』의 편찬과 주해 작업을 맡은 이순풍(李淳風, 602~670)은 특히 천문, 역법, 수학에 정통했다. 그는 젊었을 때 진왕(秦王) 이세민의 막료가 된 이후 천문, 지리, 역사서와 역법서 편찬 등을 책임지는 태사국을 맡아 관장했다. 40여 년간 관직에 몸담은 그는 말년에 쓰촨성 랑중에 은거하며 그곳에서 여생을 마쳤다.

천문학 분야에서 훌륭한 성과를 낸 이순풍은 세계에서 가장 오래된 기상학 저서로 불리는 『을사점(乙巳占)』에서 풍력을 8등급(무풍과 미풍을 더하면 10등급)으로 나누었다. 그로부터 오랜 시간이 흐른

1805년 영국의 한 학자가 풍력을 0~12등급으로 구분했다.

『산경십서』 중에는 작자 미상의 고전 수학 『주비산경(周髀算經)』
과 『구장산술(九章算術)』, 수학자 유휘(劉徽)의 『해도산경(海島算經)』,
조충지(祖沖之)의 『철술(綴術)』도 있다. 유휘, 조충지, 조충지의 아들
조긍(祖暅)은 함께 구의 면적 계산 공식과 원주율(소수점 아래 7자리까
지 정확했다)을 생각해냈다. 이 외에 『손자산경(孫子算經)』, 『장구건산
경(張邱建算經)』, 『집고산경(緝古算經)』도 언급할 필요가 있다.

6세기 북주의 수학자 견란(甄鸞, 535~566)은 31년이라는 짧은 생애를 보냈지만『오조산경(五曹算經)』과『오경산술(五經算術)』집필에 기여했다. 주로 사회·경제 제도에 활용한『오조산경』은 지방 관원들의 응용수학 강좌라고 할 만했다.『오경산술』은 유가 경전에서 수학 관련 서술에 주석을 상세히 덧붙인 것으로 경학 연구자들에게 도움을 주었다.

『산경십서』는 당나라와 이후 각 조대(朝代)의 수학 교과서로 쓰였으며 특히 송원 시대 수학이 고도로 발전하는 조건을 만들어주었다. 영국의 저명한 과학사가 조지프 니덤(Joseph Needham)은 "그는 중국 역사상 가장 위대한 수학 저서 주석가다"라며 이순풍을 높이 평가했다.

수탉, 암탉, 병아리

『손자산경』,『장구건산경』,『집고산경』의 공통점은 하나같이 가치 있는 문제를 제기하고 그 문제가 대대로 전해졌다는 점이다.『손자산경』에 나오는 물부지수(物不知數, 직역하면 어떤 물건이 있는데 그 수량을 모른다는 뜻으로,『손자산경』의 내용을 해석하면 다음과 같다. '3으로 나누면 2가 남고 5로 나누면 3이 남고 7로 나누면 2가 남는 수는 무엇인가.'―옮긴이) 문제는 '중국인의 나머지 정리'를 이끌어냈고, 이는 중국과 외국의 모든 수론 교과서에 수록되었다.『집고산경』은 3차 방정식의

송초본(宋抄本)『장구건산경』속표지

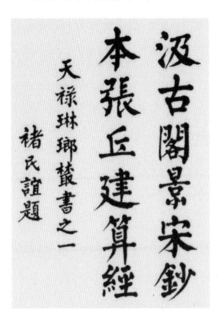

해를 논의한 세계 최초 수학 저서다.

『장구건산경』은 5세기에 북위 사람 장구건(張邱建)이 집필했다. 여기서 하이라이트는 마지막 문제다. 이것은 '백계문제(百鷄問題)'라고 불리는데 민간에는 현령이 이 문제로 신동을 테스트했다는 이야기가 전해진다. 그 원문과 해석은 다음과 같다.

今有鷄翁一, 直錢五; 鷄母一, 直錢三; 鷄雛三, 直錢一。凡百錢買鷄百只, 問鷄翁、母、雛各幾何?

수탉은 한 마리에 5전, 암탉은 한 마리에 3전, 병아리는 세 마리에 1전이다. 돈 100전으로 닭 100마리(돈은 남김없이 다 써야 한다)를 산다면 수탉, 암탉, 병아리를 각각 몇 마리씩 사야 할까?

구매한 수탉, 암탉, 병아리의 수를 각각 x, y, z라고 가정하면 이 문제는 아래 연립방정식의 해를 구하는 것과 같다.

$$\begin{cases} x+y+z=100 \\ 5x+3y+\dfrac{z}{3}=100 \end{cases}$$

장구건이 살던 시대는 중국이 알파벳을 도입하기 전이고 미지수 개념도 없어서 이 연립방정식을 글로 설명하기란 결코 쉽지 않았다. 그런데 장구건은 (4, 18, 78), (8, 11, 81), (12, 4, 84)라는 정답 3개를 정확히 구했다. 우선 그는 소거법으로 3원 1차방정식 2개를 2원 1차방정식 1개로 만들었다.

$$7x+4y=100$$

x에 4의 배수를 차례로 넣어 앞서 말한 정답 3개를 얻은 것이다.

이 문제는 중국 민간에서 널리 퍼졌는데, 수학 보급의 본보기라고 할 만하다. 그로부터 오랜 시간이 흐른 뒤 13세기 이탈리아인 피보나치와 15세기 아라비아인 알카시(Jamshīd al-Kāshī, c. 1380~1429)

가 이와 유사한 문제를 제기하고 연구했다. 이후 이 방정식은 이것을 최초로 수집, 연구, 정리한 그리스 수학자 디오판토스(Diophantos, c. 200~c. 284)의 이름을 따서 '디오판토스 방정식(Diophantine equation)'이라 불렸다.

중세 이탈리아

인도, 아라비아, 중국이 수학을 포함해 여러 분야에서 새로운 업적을 남길 무렵 유럽은 긴 암흑기를 보내고 있었다. 5세기 로마 문명이 붕괴하며 시작된 이 역사는 르네상스가 태동할 무렵 끝났는데 그 기간이 무려 1,000여 년에 달한다.

이탈리아 인문주의자들이 이 시기를 '중세'라고 부른 것은 자신들의 작업과 이상을 부각하고 고대 그리스·로마 시기와 서로 호응하도록 하기 위해서다. 사실 당시 이탈리아반도의 수학자들 상황은 그리 나쁘지 않았다. 10세기 말~11세기 초의 교황 실베스테르 2세는 수학을 몹시 좋아했다. 그는 자신의 취미 덕분에 교황이 되었는데 이는 수학사에서 그야말로 전설 같은 이야기다.

본명이 제르베르인 그는 교황이 되기 전 학자였고 신성로마제국 황태자의 가정교사로 일하기도 했다. 그는 주판, 지구의, 시계를 만들었다고 전해지며 제르베르가 저술한 기하학 저서는 당시 난제였던 문제를 하나 해결했다. 그것은 직각삼각형의 빗변과 면

적을 알고 있는 상태에서 두 직각변의 길이를 구하는 문제였다.

제르베르가 교황 자리에 있는 동안 유럽 과학사는 유명한 번역의 시대를 맞이했다. 유럽에서는 수 세기에 걸친 전쟁 탓에 수학과 과학 저작이 모조리 사라진 상태였다. 다행히 그리스 수학과 과학 저작이 아라비아인의 손을 거쳐 다시 유럽으로 돌아왔다. 유클리드, 아르키메데스(Archimedes, c. 287~212BC), 프톨레마이오스, 아폴로니오스(Apollonios) 등의 명저 외에 라틴어로 번역된 저작에는 알콰리즈미의 『알자브르와 알무카발라』처럼 아라비아인의 학술 결정체도 있었다. 이 번역 작업은 12세기까지 이어졌다.

같은 시기 농업이 발달하면서 지중해 일대의 경제 중심이 동부에서 서부로 서서히 이동했다. 콩과 작물을 재배하면서 인류는 역사상 처음 식량을 안정적으로 보장받았고 덕분에 인구가 급속도로 증가했다. 이는 오래된 봉건사회 구조를 해체하는 요소로 작용하는 한편 학술 전파를 가능하게 만들었다.

13세기가 되자 이탈리아의 여러 도시국가에 각종 조합(길드), 협회, 시민 의사기관, 교회 등 다양한 사회 조직이 나타났다. 이들 조직이 자치권 획득을 간절히 바라면서 대의제가 발전했고 정치의회도 생겨났다. 그 구성원에게는 의사결정권이 있었으며 그들을 선출하는 공민 전체에 구속력을 발휘했다.

예술 분야에서는 고딕양식 건축과 조각의 전형적인 모델을 이미 구축한 상태였다. 문화생활 분야에서는 스콜라 철학의 방법론이 탄생했는데 그 대표적인 인물이 토마스 아퀴나스(Thomas Aquinas, 1225~1274)다. 가톨릭교도들이 역사상 가장 위대한 신학자로 여기는 이 철학자는 이성을 신학으로 끌어와 보수적인 가톨릭교도가 처음으로 과학의 이성주의를 바로 보도록 해주었다.

아퀴나스는 신학의 주요 연구 대상은 신이고 신은 물질에 기대지 않으며 물질에서 벗어나 존재하므로 신학을 '제1철학'으로 여겼다. 제2철학은 수학이었다. 수학은 '물질에 기대 존재하지만 개념상 물질에 기대지 않는' 대상(예를 들면 선과 수 같은 것)이 연구 대상이었다. 제3철학은 물리학으로 '존재나 개념상 물질에 기대는' 대상을 연구 대상으로 삼았다. 아퀴나스는 "감각을 거치지 않고 얻을 수 있는 지혜는 없다"라고 강조했다.

피보나치의 토끼

　상대적으로 개방된 정치와 인문학 분위기에서 중세기 유럽의 가장 걸출한 수학자 피보나치가 출현했다. 1170년 이탈리아 피사에서 태어난 피보나치는 청년 시절 정부 관원이던 아버지를 따라 북아프리카 알제리로 건너갔다. 그곳에서 아라비아인의 수학을 접하고 인도—아라비아 숫자를 이용해 계산하는 법을 배웠다.

　이후 피보나치는 이집트, 시리아, 비잔티움, 시칠리아 등지를 다니며 동양인의 계산법을 배웠고 피사로 돌아온 지 얼마 지나지 않아 『주판서』를 출간했다. 덕분에 유명세를 떨친 그는 곧 수학, 시가, 미녀를 사랑한 신성로마제국 황제 프리드리히 2세(Friedrich II, 재위 1220~1250)의 궁정 수학자가 되었다.

　피보나치는 유럽 수학 부흥의 선봉장이자 동서양 수학 교류의 다리였다. 16세기 이탈리아 수학자이자 3차와 4차 방정식 해법을 집대성한 카르다노(Gerolamo Cardano, 1501~1576)는 그의 선배를 이렇게 평가했다.

　"그리스에서 비롯된 것을 제외하고 우리가 알고 있는 모든 수학 지식은 피보나치가 등장하면서 얻은 것이나 다름없다."

　『주판서』는 1장에 수의 기본 산법과 다른 진법 간의 전환 방법을 소개했다. 그는 분수를 만드는 가로선을 최초로 사용했으며 이 기호는 지금도 쓰이고 있다. 2장은 상업 응용문제를 다뤘는데 그

피보나치

중 '30전으로 새 30마리 사기'는 '100전으로 닭 100마리 사기'와 판에 박은 듯 똑같다.

"새 30마리 가격은 총 30전이다. 자고새 한 마리는 3전, 비둘기 한 마리는 2전, 참새 한 쌍은 1전일 때 자고새·비둘기·참새는 각각 몇 마리일까?"

9세기에 활동한 이집트 수학자 아부 카밀(Abū Kāmil, c. 850~c. 930)의 저서에는 '백계문제'가 등장하며 사람들은 대부분 이것이 인도에서 전해졌다고 본다. 피보나치는 여행 중에 아부 카밀의 저서를 접했으며 그로부터 큰 영향을 받았다. 이로써 이 문제가 중국에서 인도와 아라비아를 거쳐 유럽으로 전해졌다는 추정이 가능하다.

『주판서』3장은 잡다한 문제와 이상한 문제를 다루고 있는데 특히 '토끼 문제'가 눈길을 끈다.

"큰 토끼 한 쌍은 매달 작은 토끼 한 쌍을 낳는다. 작은 토끼 한 쌍은 2개월이면 번식 가능한 큰 토끼로 성장한다. 작은 토끼 한 쌍으로 시작할 때 1년 후 토끼는 몇 쌍이 될까?"

토끼 문제를 이용하면 '피보나치수열'을 쉽게 얻을 수 있다.

$$1,\ 1,\ 2,\ 3,\ 5,\ 8,\ 13,\ 21,\ 34,\ \cdots\cdots$$

이 수열의 점화식(수학자가 발견한 첫 번째 점화식일 가능성이 크다)은 다음과 같다.

$$F_1 = F_2 = 1,\ F_n = F_{n-1} + F_{n-2}\ (n \geq 3)$$

재미있는 점은 이 정수 수열의 통항공식이 무리수 $\sqrt{5}$를 포함한 식이고, 전항과 후항 비율의 극한이 고대 그리스 피타고라스학파가 정의한 황금분할률(다음 이야기 참조)이라는 것이다.

다양한 수학문제에 등장하는 피보나치수열은 꿀벌 번식, 데이지의 꽃잎 수, 미적·예술적 감각 분야와 관련이 있는 문제를 해결하는 데 도움을 준다. 댄 브라운의 베스트셀러 소설 『다빈치 코드(The Da Vinci Code)』(2003)에서도 피보나치수열이 금고의 비밀번호를 만드는 데 쓰였다.

계단 오르기를 예로 들어보자. 한 걸음에 한 계단이나 두 계단을 오를 수 있는 경우 계단이 n개인 한 층을 오르는 방법에는 몇 가지가 있을까?

총 a_n가지 방식이 있다고 가정하면 $a_1=1$, $a_2=2$가 된다. 첫 발에 한 계단을 올라갔을 경우 선택지는 a_{n-1}개고 첫 발에 두 계단을 올라가면 선택지는 a_{n-2}개다. 이렇게 하면 아래와 같은 식을 얻는다.

$$a_n = a_{n-2} + a_{n-1}$$

이 식과 점화식, 본래값을 비교할 경우 $a_n = F_{n+1}$이라는 식을 얻는다.

1963년 토끼 문제를 열정적으로 연구한 수학자들은 피보나치 협회를 설립하고 미국에서 《피보나치 계간지(The Fibonacci Quarterly)》를 펴내 피보나치수열과 관련된 수학 논문을 주로 게재했다. 나아가 이들은 세계 각지에서 피보나치수열과 그 응용에 관한 국제회의를 2년에 한 번씩 개최하고 있다. 이는 세계 수학사에서 일종의 신화라 할 만하다.

4

황금분할과
오각별 이야기

음악과 숫자 비례 사이에서 발견한 비밀은
물리학 법칙이 표현한 첫 번째 수학공식이다.

— 조지 가모

황금분할과 황금사각형

　황금분할은 전체를 둘로 나눴을 때, 전체에 대한 큰 부분의 비율과 큰 부분에 대한 작은 부분의 비율이 같도록 나눈 것을 가리킨다. 가장 아름다운 비율로 인정받는 이 비율은 약 0.618로 황금분할비 또는 황금분할률로도 불린다.

　이를 선으로 표시하면 A와 B를 연결한 선을 다음과 같이 두 부분으로 나누는 것이다.

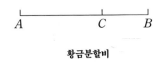

황금분할비

　긴 부분 AC와 전체 AB의 비율을 짧은 부분 CB와 긴 부분 AC의 비율과 같게 만든다.

$$\frac{AC}{AB} = \frac{CB}{AC}$$

$AC=a$, $CB=b$라고 가정하면 $a^2=b(a+b)$가 된다. 이항해서 완전 제곱식을 만들면 다음과 같다.

$$\left(a - \frac{b}{2}\right)^2 = \frac{5}{4}b^2$$

제곱근을 계산해 동류항끼리 묶었을 때 b와 a의 비율은 이렇다.

$$\frac{2}{\sqrt{5}+1} = \frac{\sqrt{5}-1}{2} \fallingdotseq 0.618$$

a와 b가 위 비율을 충족할 때 C를 '황금분할점'이라 부른다.

황금분할 외에 황금사각형도 있는데 이것은 짧은 변과 긴 변의 비가 0.618인 직사각형을 말한다. 황금분할과 황금사각형은 아름답게 보여 우리를 기분 좋게 한다. 이는 많은 예술품과 대자연에도 존재하는데 대표적인 예가 기원전 5세기에 지어진 그리스 아테네의 〈파르테논신전〉이다. 레오나르도 다빈치가 그린 인물의 얼굴 구도도 황금사각형에 부합한다.

임의의 선 하나에 연장선을 긋는 경우 어떻게 하면 연장선과 원래 선의 비를 황금분할 비율로 만들 수 있을까? 고대 그리스인의 방법은 먼저 황금사각형을 그리는 것이었다. 그러면 저절로 황금분할 비율을 이룬다. 다음 그림처럼 한 변의 길이가 1인 정사각형 *ABCD*를 그린 뒤 윗변과 아랫변의 중점인 *E*와 *F*를 연결해 정사각형을 좌우 두 부분으로 나눈다.

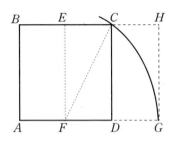

황금비율과 황금사각형 작도법

*F*를 원심, *FC*를 반지름으로 해서 원호를 그리면 *AD*의 연장선 위 *G*점과 만난다. *G*점에서 수직선을 그릴 경우 *BC*의 연장선 위 *H*점과 만나는데 이때 생긴 사각형 *ABHG*가 황금사각형이다. 피타고라스 정리에 따르면 $FG = FC = \sqrt{1 + \left(\frac{1}{2}\right)^2} = \frac{\sqrt{5}}{2}$ 라는 걸 알 수 있다. 결국 직사각형 *ABHG*의 폭과 길이의 비는 다음과 같다.

$$\frac{AB}{AG} = \frac{1}{\frac{1}{2} + \frac{\sqrt{5}}{2}} = \frac{\sqrt{5} - 1}{2} = 0.618\cdots\cdots$$

선분 AG에서 D가 바로 황금분할점이다.

오각별과 정오각형

오각별은 길이가 같은 선 5개로 이뤄진 별 모양 도안이다. 다음 그림처럼 오각별의 각도는 모두 36도다.

오각별 도안

오각별은 두 강 사이에 위치한 메소포타미아에서 처음 등장한 것으로 보인다. 수메르인이 발명한 상형문자에서 오각별은 담 구석, 어두운 곳, 작은 방, 구멍, 함정 등을 나타냈다. 고대 바빌로니아 문명에서는 오각별에 5개 행성, 즉 목성·수성·화성·토성·금성이라는 점성술 의미가 더해졌다.

오각별은 줄곧 인류의 금성 숭배와 밀접한 관련이 있었다. 이런 관계가 만들어진 원인 중 가장 신뢰할 만한 것은 고대 천문학자의 관찰 내용이다. 지구에서 하늘을 바라보면 금성의 공전 궤도는 8년마다 한 번씩 반복되는데, 이 과정에서 교차하는 5개 교차점이 거의 완전한 오각별에 가깝다.

태양계 8대 행성 중 지구는 태양에서 세 번째, 금성은 두 번째로 가까운 행성이다. 금성이 태양 주위를 도는 공전주기는 약 224.70일인데 이 숫자와 지구 공전주기인 365.26일의 비가 황금분할률에 가깝다. 실제로 지구가 태양을 여덟 바퀴 돌 때 금성은 태양을 거의 열세 바퀴 돈다. 8과 13은 서로 이웃한 두 피보나치 수(피보나치 수열에서 6항과 7항)다.

오각별의 5개 꼭짓점을 전부 연결하거나 바깥쪽에 튀어나온 삼각형을 없애면 정오각형을 얻을 수 있다. 반대로 정오각형 각 변을 길게 연장해 원래는 접하지 않던 두 변이 서로 만나면 기존 정오각형과 함께 커다란 오각별을 구성한다. 재미있는 것은 나팔꽃의 겉모양은 정오각형인데 꽃술은 오각별 모양이라는 점이다.

오각별(또는 정오각형)에도 황금분할률이 존재한다는 걸 증명할 수 있는데 이는 상당히 복잡하다. 먼저 임의로 오각별 안에 들어 있는 정오각형의 한 꼭짓점을 취한다. 그 꼭짓점과 오각별에서 가장 가까운 첨점(뾰족점)의 거리 그리고 두 점을 연결한 선의 연장선 상에 있는 또 다른 오각별 첨점과 떨어진 거리의 비가 황금분할률, 즉 0.618이다.

오각별은 피타고라스학파의 배지로 피타고라스(Pythagoras, 570~495BC)의 제자들이 이것을 달고 다녔다고 전해진다. 이는 피타고라스와 그의 제자들이 이미 황금분할률을 알고 있었음을 시사한

정오각형 나팔꽃

다. 실제로 피타고라스가 살던 시대는 파르테논 신전 건축 시기보다 앞서기 때문에 이 추정은 타당하다.

기원전 6세기의 어느 날 대장간을 지나가던 피타고라스는 쇠를 두드리는 소리가 듣기 좋아 잠시 걸음을 멈추고 귀를 기울였다. 그때 피타고라스는 대장장이가 쇠를 두드리는 소리의 높낮이와 망치의 중량 사이에 어떤 연관이 있다는 사실을 발견했다. 결국 그는 중량이 다른 망치가 내는 소리 간의 비례 관계를 비교하며 다양한 톤의 수학 관계를 측정했다. 어쩌면 이것이 나중에 그가 황금분할률을 탐구하게 된 시발점일지도 모른다.

더 나아가 음악에 담긴 숫자 비례를 발견한 피타고라스는 '만물은 수'라는 관점을 제시했다. 이는 우주 조화론의 주요 논점으로 훗날 플라톤이 계승했다. 우주는 대폭발에서 기원했다는 이론으로 유명해진 러시아계 미국 물리학자 조지 가모(George Gamow, 1904~1968)는 이렇게 찬탄한 바 있다.

"음악과 숫자 비례 사이에서 발견한 비밀은 물리학 법칙이 표현한 첫 번째 수학공식이다."

황금분할률은 무리수라 두 자연수의 비율을 표시할 수 없기 때문에 오로지 손만 사용하거나 직선자만으로는 오각별을 정확히 그릴 수 없다. 공식적으로 쓰이지 않는다면 정확하지 않은 오각별은 오히려 편안한 느낌을 준다. 하지만 오각별을 국기나 국장(國章), 다른 공식 장소에서 사용할 경우에는 정확해야 한다. 정확한 오각별을 작도하려면 컴퍼스와 직선자(눈금이 없어도 된다) 같은 도구가 필요하다. 이렇게 '자와 컴퍼스를 이용한 작도법'을 유클리드 작도법이라고도 한다.

오각별은 여러 가지 방법으로 작도할 수 있다. 다음에 소개하는 방법은 간단하긴 해도 머리를 좀 써야 하므로 골치 아프면 건너뛰어도 좋다.

1. 백지에 임의로 원 O(원심도 O)를 그린다. 그 위에 서로 수직인 지름 AB와 CD를 그린다. OB의 중점 E와 C를 연결하면 CE가 되는데 이를 도식화할 경우 그림 (a)와 같다.

2. E를 원심, CE를 반지름으로 하고 원호를 그렸을 때 OA와 만나는 점을 F라고 한다. C를 원심, CF를 반지름으로 하고 원호를 그렸을 때 원 O와 만나는 점을 G라고 한다. 또 G를 원심, CF를 반지름으로 하고 원호를 그렸을 때 원 O와 만나는 점을 H라고 한다. 이런 식으로 그리면 점 M과 N을 얻는다. 결국 C, G, H, M, N이라는 5개 점, 즉 원 O의 오등분점이 생기는데 이를 도식화하면 그림 (b)와 같다.

3. CH, CM, GM, GN, HN을 연결하면 그림 (c)와 같이 오각별이 생긴다.

1796년 열아홉 살이던 독일 수학자 가우스(Carl Friedrich Gauss, 1777~1855)는 이 작도법을 증명하고 이것과 페르마 소수 간의 비밀스러운 관계도 발견했다.

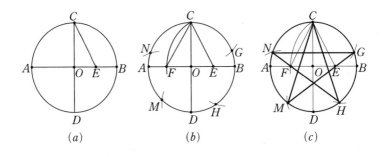

(a)   (b)   (c)

유클리드의 오각별 작도법

페르마 소수는 다음과 같이 나타낸다.

$$F_n = 2^{2n} + 1$$

$F_0 = 3$, $F_1 = 5$, $F_2 = 17$, $F_3 = 257$, $f_4 = 65537$이 모두 소수라는 건 이미 알고 있다. 1642년 프랑스 수학자 페르마(Pierre de Fermat, 1607~1665)는 음이 아닌 정수(비부정수) n과 관련해 F_n은 모두 소수라고 추측했다. 그러나 1732년 러시아에서 타향살이하던 스위스 수학자 오일러(Leonhard Euler, 1707~1783)가 641이 F_5의 인자임을 발견하면서 F_5는 비소수가 되었다. 지금까지 F_n을 소수로 만드는 5보다 큰 정수 n을 발견한 사람은 없다. 그렇지만 페르마 소수가 5개뿐이라는 걸 증명할 수 있는 사람도 없다.

가우스는 정17각형을 작도하는 유클리드 작도법을 제시하며 2,000여 년 전 고대 그리스인이 남긴 수학 난제를 해결했다. 이후 수학에 헌신하기로 결심한 그는 수학계에서 '수학의 왕자'로 칭송 받는다. 다만 정17각형은 황금분할률이 아니라 $(\sqrt{17}-1)/2$이라는 수와 관련이 있을 뿐이다.

플라톤에서 케플러까지

그리스 아테네의 아크로폴리스에서 가장 높은 곳에 위치한 〈파르테논신전〉은 기원전 447년~기원전 432년에 지어졌다. 이는 아테네가 페르시아를 상대로 한 전쟁에서 승리한 일을 축하하기 위해 세운 것이다. 파르테논은 아테네의 수호신 아테나의 별칭으로 '처녀'라는 뜻이다. 2,500여 년을 지나는 동안 크게 변모한 이 신전은 현재 지붕이 무너지고 조각상이 사라졌으며 부조도 심하게 깎이고 부식되었다. 그래도 변함없이 우뚝 솟아 있는 주랑을 보면 당시 신전의 위용을 짐작할 수 있다. 〈파르테논신전〉은 가히 고대 그리스 건축과 조각 예술의 최고봉이라 할 만하다.

외관상 〈파르테논신전〉의 비범한 기세와 눈부신 자태는 사람들의 이목을 끌기에 충분하다. 무엇보다 이 신전은 전통을 계승하면서도 창의적인 요소를 더했다. 남북으로 길고 동서로 짧은 이 신전의 가로 너비는 31미터, 지붕에서 지면까지 거리는 19미터다. 즉

Parthenon, o' Tempio di Minerua in Atene

입면 높이와 너비의 비가 19:31인데 이는 고대 그리스인이 사랑한 '황금분할률'에 가깝다. 신전 안에는 본래 황금과 상아로 상감한 아테나 여신상이 있었다. 이는 유명 조각가 페이디아스(Pheidias)의 작품으로 여신의 신체 비율(배꼽까지 높이와 키의 비율)은 황금분할률에 부합했다.

파르테논 신전이 세워지고 100여 년이 흐른 뒤 플라톤은 저서 『티마이오스(Timaios)』에서 정다면체는 다섯 종류만 있다고 언급했다. 다시 말해 정사면체, 정육면체, 정팔면체, 정십이면체, 정이십면체만 있다는 것인데 사람들은 이를 '플라톤 다면체(Platonic solid)'

라고 불렀다. 그런데 일부에서는 정다면체에 다섯 종류만 있다는 것을 플라톤이 발견한 게 아니라고 생각한다.

기원전 3세기 그리스 수학자 유클리드는 『기하학 원론』에서 처음 황금분할률을 엄밀하게 정의하고 이를 '중외비(中外比, 황금비)'라고 불렀다. 총 13권인 『기하학 원론』에서 해당 정의는 6권에 등장한다. 1607년 선교사 마테오 리치(Matteo Ricci)와 명나라 학자 서광계(徐光啓)가 공역한 『기하학 원론』 1~6권이 중국에 소개되었다. 8권에서 유클리드는 정십이면체와 정이십면체 구성을 서술하면서 중외비 관련 성질을 반복 활용했다.

이후 중세 유럽에서 가장 유명한 수학자 피보나치는 『주판서』에서 토끼 문제를 제기하고 피보나치수열을 도출해냈다. 앞서 말한 것처럼 이 수열에서 처음 두 항은 모두 1이고 세 번째 항부터 각 항이 앞의 두 항을 합한 숫자가 된다. 즉 $F_n = F_{n-2} + F_{n-1}$이 되는 것이다. 더 흥미로운 것은 피보나치수열에서 전항과 후항 비율의 극한이 황금분할률에 수렴한다는 점이다.

$$\frac{F_n}{F_{n+1}} \to 0.618 \cdots\cdots (n \to \infty)$$

이 사실은 400년이 지난 1611년 독일 천문학자 겸 수학자인 케플러(Johannes Kepler, 1571~1630)가 발견했다. 플라톤의 다면체에서 영감을 얻은 그는 천체 운행 궤도가 기하학 도형이어야 한다고 믿었고 이로부터 행성 운동의 3대 법칙을 제시했다. 이 법칙은 19세기 프랑스 수학자 비네(Jacques Philippe Marie Binet, 1786~1856)가 증명했으며 그의 이름을 따서 '비네 공식(Binet's Formula)'이라 불린다.

1909년 미국 수학자 마크 바(Mark Barr, 1871~1950)가 그리스 이니셜 Φ로 황금분할률을 표시하자고 제안했는데 이후 지금까지 이것을 사용하고 있다. 사람들은 Φ에 대응하는 소문자 φ 또는 ϕ로 황금분할률의 역수인 1.618……을 나타내기도 했다.

황금분할률은 고전 예술 외에 20세기 예술 분야에서도 응용했다. 1912년 파리에서 황금분할을 중요시하는 화파의 전시회가 열렸는데 미국으로 거처를 옮긴 프랑스 화가 마르셀 뒤샹(Marcel Duchamp)도 이 전시회에 참가했다. 스페인 화가 살바도르 달리(Salvador Dalí)와 스위스 건축가 르 코르뷔지에(Le Corbusier)의 작품에도 황금사각형 요소가 담겨 있다. 1953년 미국 통계학자 잭 키퍼(Jack Kiefer, 1924~1981)는 최적화 기법(Optimization Method) 측면에서 황금분할법을 제시했다.

5

자전거 발명과
리만 기하학

사람이 걷는 것을 모방하려 했을 때
다리와 전혀 닮지 않은 바퀴를 만들어냈다.

— 기욤 아폴리네르

누가 일륜차를 발명했을까?

자전거 발명은 시골에 사는 젊은이가 멀리 떨어진 마을에 가서 마음에 드는 짝을 찾도록 해주었다. 미국 작가 고어 비달(Gore Vidal)은 자전거 발명으로 세계 인구가 소폭 증가했음을 인정했다. 자전거 이전에 인류는 먼저 바퀴가 달린 손수레를 발명했다. 기원전 1500년에서 기원전 900년에 완성한 인도 의학 고서『리그베다(Rgveda)』에 이런 시구가 나온다.

남자와 여자는 평등하다
손수레의 두 바퀴처럼

『리그베다』는 인도 의학의 근원이자 베다교의 고전 문헌『베다』의 일부로 책 전체가 운문으로 쓰였다. '베다'의 본뜻은 지식이고 '리그'는 찬가를 의미한다.

1860년대 모르몬교도는 종교 박해를 피해 동부 뉴욕에서 서부 유타주 솔트레이크시티로 이주했다. 지도자 브리검 영(Brigham Young)을 따라 손수레에 짐을 싣고 먼 길을 떠난 것이다. 손수레는 보통 일륜, 이륜, 삼륜, 사륜으로 나뉜다. 다륜차는 5,000여 년 전에 등장했지만 일륜차 발명은 그보다 훨씬 뒤의 일이다. 일반적으로 일륜차는 고대 그리스인이 발명한 것으로 알려져 있으나 이를 입증할 증거가 형편없이 부족하다. 아티카반도에 있는 고대 건축물에서 자재 리스트 두 장을 발견했을 뿐이며 그 시기는 기원전 408~406년으로 추정하고 있다.

그 리스트에는 monokyklou, dikyklos, tetrakyklos라는 글자가 등장하는데 뒤의 두 단어는 각각 쌍륜차와 사륜차를 의미한다. mono는 '단일'이라는 뜻으로 복수 접미사가 아니기 때문에 monokyklou는 일륜차로 해석하는 것이 합리적이다. 사실 고대 그리스 시대 전체를 통틀어 일륜차와 관련된 다른 문자나 형상, 실물은 남아 있지 않다.

중국도 일륜차를 일찌감치 발명한 나라로 알려져 있다. 일륜차 형상은 쓰촨성과 산둥성에서 발굴한 한묘(漢墓) 벽화와 부조에 등장한다. 기록에 따르면 일륜차 개념은 삼국 시대 촉나라 승상 제갈량(諸葛亮)이 만들었다. 진수(陳壽)가 쓴 『삼국지(三國志)』에는 "목우와 유마는 모두 제갈량의 머리에서 나왔다"라는 말이 나온다. 후세 사람들의 고증을 거쳐 목우유마가 일륜차라는 사실이 밝혀졌다. 송나라 고승(高承)도 『사물기원(事物紀原)』에서 일륜차 발명을 제갈량의 공으로 인정하고 있다.

서한 시대 경학자 유향(劉向)이 쓴 『효자전(孝子傳)』에는 일찍이 어머니를 여읜 동영이 '녹차(鹿車)'에 아버지를 모신 이야기가 실려 있다. 여기에 나오는 녹차가 바로 일륜차의 다른 이름이다. 범엽(範曄)이 쓴 『후한서(後漢書)』에도 녹차와 관련된 두 이야기가 나오는데, 하나는 '공만녹차(共挽鹿車, 함께 녹차를 끈다는 뜻으로 부부가 화목하게 지내는 걸 의미한다. —옮긴이)'다. 한나라 때 포선에게 소군이라는 아내가 있었다. 부잣집 출신인 그녀가 혼수를 넉넉히 준비하자 포선이 과하다며 거절했다. 소군은 화려한 옷과 장신구를 전부 거두고 소박한 옷차림으로 포선과 함께 녹차를 끌고 포선의 집으로 향했다.

또 하나는 서기 23년에 일어난 이야기다. 적미군(赤眉軍)이 봉기를 일으켜 서한의 마지막 황제 유현(劉玄)을 살해했다. 대신이던 조희(趙憙)는 집을 버리고 도망칠 수밖에 없었는데 그의 동행인 중에 한중백(韓仲伯)이라는 친구가 있었다. 한중백은 아리따운 아내가 적미군에게 해코지를 당하고 자신도 살해당할까 두려워 아내를 버리고 달아나려 했다. 그런 한중백을 꾸짖은 조희는 그의 아내 얼굴에 진흙을 바른 뒤 녹차에 태워 직접 운전했고 적미군을 만날 때마다 그녀의 병이 위중하다고 둘러댔다. 덕분에 한중백의 아내는 해코지를 당하지 않고 도망칠 수 있었다.

자전거를 발명한 사람

1866년 청나라에서 처음 외국에 사찰단을 보낼 때 열아홉 살 소년 장덕이(張德彝)도 사찰단에 포함되었다. 청나라로 돌아온 그는 여행을 기록한 『항해술기(航海述記)』에서 '자행차(自行車, 자전거)'라는 단어를 최초로 사용했다. 장덕이는 자행차 외에도 '전보'와 '나사'처럼 중국어로 번역한 단어를 처음 사용했고 증기기관, 승강기, 재봉틀, 수확기, 도시가스, 초콜릿 등도 소개했다.

자전거 발명에는 다음과 같은 이야기가 전해진다. 1790년 어느 날 프랑스의 시브락 백작(Comte Mede de Sivrac)이 파리의 한 골목을 걷고 있을 때 쏜살같이 지나가는 마차를 보고 영감을 받아 최초로 자전거 원형을 설계했다는 것이다. 하지만 오늘날 대다수 역사학자는 자전거가 19세기 초에 탄생했다고 본다.

19세기 초라면 마차(소나 당나귀가 끄는 수레도 포함) 탄생 시기보다 4,000여 년이나 뒤처진다. 기원전 2000년 무렵 흑해 부근의 초원에 살던 사람들이 말을 타고 티그리스강과 유프라테스강 사이로 왔다. 그리고 말을 이용해 바퀴가 있는 차를 끌기 시작했는데 이 마차는 물건도 운반하고 사람도 태웠다. 이후 마차는 점차 세계 각국의 주요 교통수단과 운송수단으로 자리 잡았다.

1817년 독일인 카를 폰 드라이스(Karl von Drais)는 방향 조절 용도로 자전거에 핸들을 달았고 이듬해 파리에서 이것을 최초로 선보였다. 실용적인 자전거는 1861년이 되어서야 등장했다. 프랑스의

미쇼의 자전거(1868년)

피에르와 에르네스트 미쇼(Pierre Michaux, Ernest Michaux) 부자가 자전거 앞바퀴에 크랭크를 달았다. 덕분에 땅을 밟지 않아도 페달을 이용해 바퀴를 앞으로 움직일 수 있었다. 그다음 해 미쇼 부자는 자전거 140여 대를 만들었고 5년째에는 생산량이 400대까지 늘어났다. 1879년 영국인 해리 로슨(Harry Lawson)은 자전거에 체인을 달았으며 1888년 아일랜드 수의사 존 보이드 던롭(John Boyd Dunlop)은 뉴매틱 타이어, 즉 공기가 들어 있는 타이어를 발명했다.

장덕이가 런던 거리에서 봤다며 여행기에 묘사한 자전거에는 아마 체인과 뉴매틱 타이어가 없었을 것이다.

"앞뒤에 바퀴가 하나씩 있는데 하나는 크고 하나는 작다. 큰 바퀴는 둘레가 두 자, 작은 바퀴는 한 자 반 정도인데 한 명이 탈 수 있고 바퀴가 회전한다. 발과 머리를 움직이면서 손으로는 크랭크축을 누른다. 앞에서 밀고 뒤에서 끌며 좌우를 살피는 것이 상당히 재미있다."

중국에도 자전거 발명과 관련된 기록이 있다. 그 시기는 청나라 강희 연간(1662~1722)으로 발명자는 양주 사람 황이장(黃履莊)이다. 『청조야사대관(清朝野史大觀)』에 보면 이런 글이 나온다.

"황이장이 쌍륜차 한 대를 만들었는데 세 자가 넘는 길이에 한 사람이 앉을 수 있고 밀거나 당길 필요 없이 저절로 움직인다. 움직일 때 축 옆에 있는 크랭크를 손으로 잡아당기면 처음으로 다시 돌아간다. 마음대로 멈추기도 하고 끌기도 하면서 족히 80리(31킬로미터 정도)를 갈 수 있다."

평생 무수한 발명품을 남겨 후세 사람들에게 '중국의 에디슨'으로 불린 황이장의 발명은 워낙 유명해서 수학자 매문정(梅文鼎, 1633~1721)의 귀에까지 전해졌다. 황이장이 신기한 물건을 많이 발명했다는 소문을 들은 매문정은 반신반의하며 직접 그의 집으로 찾아갔다.

황이장의 집에 도착한 매문정이 문을 두드리자 문 너머에 있던 개가 시끄럽게 짖어댔고 매문정은 어찌할 바를 몰랐다. 그때 문을 열고 나온 황이장이 개의 머리를 툭툭 치자 개는 더 이상 짖지 않고 얌전히 드러누웠다. 알고 보니 그것은 황이장이 만든 나무 개로 누군가가 문을 두드리면 개 짖는 소리가 나면서 초인종 기능을 하고 있었다.

청나라에서 가장 유명한 수학자였음에도 매문정은 황이장이 발명한 자전거의 뛰어난 점이 동그라미 2개로 두 직선(두 다리)을 대체한 것, 다시 말해 직선과 원의 개념을 호환한 데 있음을 알아채지 못했다. 현대 수학에서 원과 직선은 등가교환이 가능하다.

신행태보와 로봇

사람의 보행을 대체하거나 새처럼 비상하는 기계를 발명하는 것은 인류의 오랜 꿈이었다. 명나라 소설가 시내암(施耐庵)의 『수호전(水滸傳)』은 1,000여 년 전의 북송 이야기를 묘사하고 있다. 여기에 나오는 인물 중 별명이 신행태보(神行太保)인 대종(戴宗)은 도술을 부릴 줄 알아서 두 다리에 갑마(甲馬)를 붙이면 하루에 800리(약 314킬로미터)를 걸을 수 있었다. 『수호전』 39회에는 신행법이라는 그의 도술을 묘사한 시 〈서강월(西江月)〉이 나온다.

"순식간에 마을을 떠나고 잠깐 사이에 주성을 지나네. 금전과 갑마로 신과 통하니 만 리가 지척과 같네."

여기에 나오는 갑마란 대체 무엇일까? 『수호전』을 자세히 살펴보면 갑마는 사용 후 불태워진다. 39회를 보면 여인숙에 묵는 대종이 '갑마를 풀고 맥지(陌紙, 지전)를 태우는' 장면이 나온다. 갑마는 지전 같은 종이 제품으로 신령 승천을 위한 물건이라고 볼 수 있다. 대종의 도술은 여기에 달려 있으며 그는 신령이 누리는 권리를 이용했다. 하지만 갑마는 헛되이 쓸 수 없기 때문에 사용 후 지전과 함께 태워야 했다.

작가가 문학작품 속에서 예언할 때도 있다. 1920년 체코 작가 카렐 차페크(Karel Čapek, 1890~1938)가 출판한 SF희곡 『R.U.R.』에는 로숨이라는 철학자가 등장한다. 작품 속에서 그는 로봇을 개발하는데 자본가들은 노동력을 대체할 목적으로 이 로봇을 대량 생산한다. 만약 세상이 온통 로봇으로 가득하면 인류는 종말을 맞을지도 모른다. 이에 따라 작가는 연애하고 성장하는 로봇 한 쌍을 묘사하며 인류가 멸망하지 않을 것임을 암시한다.

그다음 해 상상력 넘치는 이 연극은 상연되자마자 유럽을 뒤흔들었다. 서양의 주류 언어권은 카렐이 창조한 단어 '로봇(robot)'을 받아들였고 작품도 다양한 언어로 번역되었다. 사실 robot은 카렐의 형인 화가 요세프가 체코어로 '노역'을 의미하는 robota를 본떠 만든 단어다. 카렐은 일곱 번이나 노벨문학상 후보로 거론되었지만 한창 나이에 폐질환으로 세상을 떠났고 형 요세프는 나치스 강제수용소에서 목숨을 잃었다.

차페크의 희곡이 세상에 나오고 19년 뒤 미국 웨스팅하우스 일렉트릭 컴퍼니(Westinghouse Electric Company)가 뉴욕 세계박람회에서 최초로 가정용 로봇을 선보였다. 프로그래밍이 가능한 최초 로봇과 산업용 로봇이 각각 1956년과 1959년 특허를 얻은 후 세계 각지에서 각양각색의 로봇이 쏟아졌다.

1942년 미국 SF소설가 아이작 아시모프(Isaac Asimov, 1920~1992)는 단편소설 『런어라운드(Runaround)』에서 '로봇 3원칙'을 세웠는데 이는 업계에서 로봇 개발의 기본 원칙으로 널리 인정받고 있다.

1원칙
로봇은 인류에게 해를 가하거나 해를 본 인류를 방관해서는 안 된다.
2원칙
1원칙에 위배되지 않는 한 로봇은 인류의 명령에 복종해야 한다.
3원칙
1원칙과 2원칙에 위배되지 않는 한 로봇은 자신을 보호해야 한다.

과연 청나라 황이장이 발명한 나무 개는 로봇의 전신이라고 할 수 있을까?

리만의 비유클리드 기하학

    수학의 엄격성과 추리성 면에서 모범을 세운 유클리드 기하학은 2,000여 년 동안 한결같이 성스럽고 흔들리지 않는 지위를 지켜왔다. 수학자들은 유클리드 기하를 절대 진리로 믿었고 수많은 철학자도 유클리드 기하학이 명백하고 필연적이라는 것을 인정했다. 심지어 칸트(Immanuel Kant)는 『순수이성비판(Kritik der reinen Vernunft)』(1781)에서 물질세계는 필연적으로 유클리드식이라고 공언했다.

    반면 칸트가 대학에 입학하기 1년 전인 1739년, 스코틀랜드 철학자 흄(David Hume)은 저서에서 우주 만물에 일정한 법칙이 있다는 것을 부정했다. 흄의 불가지론은 과학이란 순수하게 경험적인 것이며 유클리드의 기하 정리를 꼭 진리라고 할 수 없음을 밝히고 있다.

    실제로 유클리드 기하학에는 빈틈이 있다. 즉, 탄생 순간부터 수학자들을 끊임없이 괴롭혀온 문제가 있는데 그것은 바로 유클리드 제5공준이다. '평행선 공준(공리)'이라고도 불리는 이것은 다른 4개 공준처럼 설명이 간단치 않다. 프랑스 수학자 달랑베르(Jean Le Rond d'Alembert, 1717~1783)가 우스갯소리로 '기하학의 수치'라고 부른 이 유명한 공준은 다음과 같이 서술할 수 있다.

주어진 직선이 있고 그 선 밖의 한 점을 지나면서 그 직선과 평행한 직선은 하나밖에 없다.

오래전부터 많은 수학자가 평행선 공준을 증명하려 애썼지만 아무도 성공하지 못했다. 그래도 평행선 공준을 깊이 탐구한 페르시아 수학자 오마르 카이얌(Omar Khayyám, 1048~1131)과 나시르 알딘 알투시(Nasir al-Din al-Tusi, 1201~1274)는 특별히 언급하고 넘어갈 필요가 있다. 다음 그림처럼 직사각형 *ABCD*가 있을 때 *DA*와 *CB*는 길이가 같고 모두 *AB*와 수직이다. 서로 대칭인 *D*와 *C*가 같다면 평행선 공준은 *D*와 *C*가 직각임을 증명하는 것과 같다.

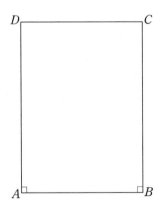

페르시아인이 유클리드 제5공준을 증명하기 위해 이용한 그림

나시르는 D와 C가 예각이면 삼각형 내각의 합이 180도보다 작다는 걸 도출할 수 있음을 증명했는데, 이것이 바로 '로바체프스키 기하학(Lobachevskian geometry)'의 기본 명제다. 이는 다음 문장과 같다.

주어진 직선이 있고 그 선 밖의 한 점을 지나면서 그 직선과 평행인 직선은 적어도 2개다.

이것은 비유클리드 기하학의 일종으로 19세기 독일 수학자 가우스, 헝가리 수학자 보여이(János Bolyai, 1802~1860), 러시아 수학자 로바체프스키(Nikolai Lobachevsky, 1792~1856)가 각자 독립적으로 발명한 것이다. 1854년 독일 수학자이자 가우스의 제자인 리만(Bernhard Riemann, 1826~1866)은 좀 더 광범위한 기하학을 세웠는데 그것이 오늘날 우리가 말하는 '리만 기하학(Riemannian geometry)'이다. 로바체프스키 기하학과 유클리드 기하학은 모두 리만 기하학의 특수 사례(각 예각 가설과 직각 가설에 대응한다)다. 리만 이전에 수학자들은 둔각 가설이 직각을 무한대로 연장할 수 있다는 가설과 서로 부딪힌다는 이유로 둔각 가설을 폐기했지만 리만은 이 가설을 도로 가져왔다.

특히 리만은 '무한(無限)'과 '무계(無界)'라는 두 개념을 구분했다. 그는 직선을 무한대로 연장할 수 있다는 말은 그 길이가 무한대라는 게 아니라 종점이 없거나 개구간(open interval)처럼 무계를 의미한다고 생각했다. 이를 토대로 리만은 둔각 가설이 예각 가설처럼 모순 없이 새로운 기하학을 파생할 수 있음을 증명했다. 둔각 가설이 도출해낸 기하학을 리만 기하학이라고 부른다.

리만은 지구 표면(또는 임의의 구면)에 있는 모든 대원(大圓)을 직선으로 볼 수 있다고 판단했다. 대원이란 원심이 구심에 있는 원을 말한다. 지구의 경선은 모두 대원이지만 위선은 적도만 대원이다. 우리는 이런 '직선'이 무계이면서 길이가 유한하고 임의의 두 직선이 교차한다는 것을 쉽게 알 수 있다. 이 말은 곧 평행하는 두 직선은 없다는 뜻이다. 예를 들어 적도가 주어진 직선이라 가정하고 북극점을 취하면 북극점을 지나는 모든 직선은 경선이고 이들 경선은 모두 적도와 교차한다. 이는 다음을 증명한다.

주어진 직선이 있고 그 선 밖의 한 점을 지나면 그 직선과 평행인 직선이 될 수 없다.

사실 모든 경선은 적도와 수직이다. 이로써 임의의 두 경선과 적도로 이뤄진 삼각형 내각의 합은 모두 180도보다 크다는 것을 도출할 수 있다.

직선을 원으로 교체한 것이 자전거의 비밀이자 성공 포인트다.

마지막으로 스페인 화가 피카소(Pablo Picasso)를 생각해보자. 입체주의를 대표하는 피카소의 예술적 영감은 사차원 기하학에서 비롯되었다. 피카소는 수학을 사랑한 공인회계사 친구에게 사차원

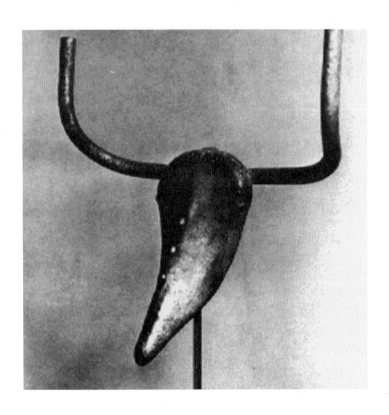

피카소 〈황소 머리〉

기하학 얘기를 듣고 즉각 상상의 나래를 펼쳤다.

'회화는 삼차원 공간의 물체를 이차원 평면에 표현하는 것이다. 만약 사차원 공간의 물체를 이차원 공간에 표현하면 어떻게 될까?'

바로 이런 생각에서 〈아비뇽의 아가씨들(Les Demoiselles d'Avignon)〉(1907) 같은 최초의 입체주의 작품이 나온 것이다. 피카소는 그리는 것 외에 조각도 했으며 조각은 그의 삶에서 일종의 조미료와 같았다. 그의 작품 중 〈황소 머리(Tête de taureau)〉(1942)는 자전거 부품으로 만들었는데 핸들은 소뿔, 안장은 소의 얼굴로 쓰였다. 두 부품은 원래 따로 있었지만 예술가는 상상력을 발휘해 둘 사이에 있던 삼각형 프레임을 제거했다. 이렇게 하나의 예술 작품이 탄생했고 우리는 이 이야기의 서두에서 언급한 자전거로 다시 돌아왔다!

6

심오한 통계:
제갈량이 화살을 얻은 이야기부터
셰익스피어까지

추상적 의미에서 모든 과학은 수학이고
이성 세계에서 모든 판단은 통계학이다.
— C. R. 라오

정치산술에서 통계학까지

통계학은 수집·정리·분석·데이터 기술 등의 수단으로 측정 대상의 성질, 본질, 나아가 미래까지 추론하는 학문이다. 이를 위해서는 수많은 수학 지식이 필요하다. 통계가 언제 어디에서 기원했는지 분명하게 말하기는 어렵다. 고대 이집트라는 사람도 있고 고대 바빌로니아라는 사람도 있다. 또 기원전 2000년 무렵 하나라에서 통치자가 징병과 징세를 위해 인구 통계를 시행했다는 기록을 담은 사료도 있다.

주나라 때 중국 역사상 처음 '사서(司書)' 직책이 등장하는데 이는 오늘날의 통계청 청장에 해당한다. 서양에서는 『구약성경』에 통계와 관련된 최초의 기록이 등장한다. 『구약성경』은 유대인의 인구 통계 결과를 인용했다.

좁은 범위의 인구 통계도 인구 수, 나이, 소득, 성별, 신장, 몸무게 등 다양한 지표를 포함하고 있지만 통계는 크게 쓸 데가 없었다. 그러다가 시민과 도민처럼 통계 대상 인원이 증가하고 건강 상태, 가계경제 상황, 수명 등의 통계 지표가 늘어나면서 통계 법칙과 가치가 서서히 드러났다.

기원전 4세기 아리스토텔레스는 그리스의 150여 도시국가의 역사, 행정, 과학, 예술, 인구, 자원, 재산 등 사회·경제 상황을 비교 분석했다. 이러한 아리스토텔레스식 통계는 이후 2,000여 년 동안 이어지다 17세기 중엽 '정치산술(political arithmetic)'이라는 의미 있는 명칭으로 대체되었고 이내 통계학(statistics)으로 바뀌었다. 이것은 독일어 statistik에서 어근 state(국가)만 남은 것으로 원뜻은 국가와 사회 상황의 양적 관계 연구다.

통계학은 주로 데이터를 다루는데 데이터는 대개 무작위성을 보인다. 무작위성은 불확정성을 의미하지만 그렇다고 규칙성이 없는 것은 아니므로 확률로 설명해야 한다. 예를 들면 동전을 던져 앞면이 나올 확률은 2분의 1이고 주사위를 던져 숫자 6이 나올 확률은 6분의 1이라는 것처럼 말이다.

어떤 일이 발생할 확률은 대표본을 중심으로 통계를 내야 알 수 있는 경우가 많다. 가령 특정 운행표의 정확도나 특정 지역에 비가 내릴 확률 등이 그러하다. 우리는 계산으로 확률도 얻고 이에 상응하는 통계법칙도 파악할 수 있지만 통계는 확률과 차이가 있다. 학생이 40명인 학급에서 생일이 같은 사람이 있을 확률을 계산하는 것과 특정 학급 학생들의 생일을 구체적으로 통계를 내는 일은 다르다. 설령 사람 수가 같아도 다른 학급의 통계치 역시 같지 않다.

초선차전은 가능한 일이었을까?

자전거 발명이 사람들의 교류 범위를 확장해준 것처럼 활과 화살의 발명은 사람들의 활동 범위를 넓혀주었다. 활과 화살이 등장하면서 인류는 무성한 삼림을 벗어나 광활한 언덕과 평원에 정착할 수 있었다. 나아가 활과 화살은 사람들의 방어 능력을 강화하고 사냥감을 더 많이 얻도록 도와 인류가 번성을 위한 물질적 조건을 마련하게 해주었다.

화살을 만들고 있는 고대인

3만여 년 전 구석기 시대 말에 탄생한 활과 화살은 화약 사용 이전 시대에 가장 무시무시한 살상무기였다. 활은 탄성이 있는 활대와 질긴 성질을 갖춘 활시위로 구성되어 있다. 화살은 화살촉, 화살대, 깃을 포함한다. 화살촉은 구리나 철, 화살대는 대나무나 나무, 깃은 독수리나 매의 깃털로 만들었다. 사수가 활을 당길 때 손가락을 보호하는 공구도 있었다.

엥겔스(Friedrich Engels)는 "활, 활시위, 화살은 그 자체로 매우 복잡한 도구다. 이것을 발명하려면 오랫동안 축적한 경험과 뛰어난 지능이 필요하다"라고 말했다. 활과 화살의 발명은 어쩌면 음악의 기원과 관련이 있을지도 모른다. 20세기 영국 과학사가 존 데즈먼드 버널(John Desmond Bernal)은 활시위를 튕길 때 나는 앵앵 소리를 현악기의 기원으로 보았다.

중국 고전 소설에는 명궁수가 자주 등장한다. 원문사극(轅門射戟, 150보 거리에 놓아둔 창의 장식 술을 화살로 쏘아 맞추다)한 여포, 삼전정천산(三箭定天山, 화살 3개로 천산을 평정하다)한 설인귀, 백보천양(百步穿楊, 백보 앞에 있는 버드나무 잎을 향해 화살 백 발을 쏘아 모두 맞추다)한 양유기 등이 그 예다.

한편 이길 수 없어서 활을 쏜 예도 상당히 많다. 청나라 여련거사(如蓮居士)의 전기 소설 『설당연의전전(說唐演義全傳)』(당나라 건국 이야기를 묘사한 소설.─옮긴이)에 나오는 나성은 무예가 뛰어났지만 결국 진흙탕에 빠져 빗발치는 화살에 맞아 숨을 거둔다. 일반 병사의 활쏘기 기술은 신궁처럼 정확하지 않았다. 만약 이들이 한 번에 목표물을 명중할 확률을 0.1로 보면 실패할 확률은 0.9다. 두 번 연속 실패할 확률은 $0.9 \times 0.9 = 0.81$이다. 이런 식으로 유추해 보면 100번 모두 실패할 확률은 $0.9^{100} = 0.000\ 03$이고 최소한 한 번 명중할 확률은 다음과 같다.

$$1 - 0.000\ 03 = 99.997\%$$

목표물을 최소 세 번 명중해야 하는 경우라도 그 확률은 98.41퍼센트로 상당히 높다. 결국 명궁을 찾으려 애쓰기보다 병사 100명이 일제히 화살을 쏘게 하는 편이 더 효과가 좋다고 볼 수 있다. 나관중(羅貫中)의 역사 소설『삼국지연의(三國志演義)』에는 장판파에서 조자룡이 혈혈단신으로 기세등등한 조조군에게 달려들어 유비의 아들 아두를 구해내는 장면이 나오는데 여기에는 화살을 쏘지 못하게 한 조조의 명령도 한몫했을 것이다.

한편 적벽대전(赤壁大戰) 전야에 벌어진 초선차전(草船借箭), 즉 제갈량이 풀단 실은 배로 화살 10만 개를 얻은 이야기를 보자. 나관중이 묘사한 바에 따르면 제갈량은 짙은 안개가 자욱한 강을 따라 풀단 실은 배 스무 척을 조조군 영채 가까이 보냈다. 그러고는 군졸들에게 북을 치며 소란을 피우라고 명했다. 조조군은 안개 속에서 함성이 들려오는 방향으로 화살을 퍼부었다. 명중할 확률은 0.1에도 미치지 못했을 테고 중간에 다른 쪽 병사들이 활을 쏠 수 있도록 배를 백팔십도 돌려야 했다. 명중할 확률을 최대로 잡아 0.1이라고 가정해도 화살을 최소한 100만 개 이상 발사해야 한다. 당시 조조군 궁수는 1만 명 정도였으니 한 사람당 100발 넘게 쏴야 한다는 계산이 나오는데, 전문가들은 당시 화살통에 화살이 20~30개 들어갔으므로 한 사람이 100발을 쏘는 건 불가능하다고 분석했다. 이는 한마디로 제갈량의 '초선차전' 이야기는 허구에 가깝다는 의미다.

가우스의 정규 분포 곡선

살다 보면 가끔은 확률이 아주 낮은 사건도 발생한다. 관련 통계에 따르면 비행기 사고가 날 확률은 300만 분의 1이다. 이는 거의 불가능에 가까운 확률처럼 들린다. 매일 수많은 승객이 비행기를 타는 전 세계 항공편 누적 건수도 놀라울 정도로 많다. 그래서인지 몰라도 우리는 종종 비행기 사고 소식을 듣지만 어딘가로 떠날 때 여전히 비행기를 이용한다.

또 다른 예를 보자. 2010년 남아공월드컵 기간 동안 영국에서 나고 독일에서 자란 문어 '파울'이 스타로 떠올랐다. 파울은 경기 결과를 모두 여덟 번 예측했는데 전부 적중했다. 그중 스페인이 네덜란드를 이긴 경기는 특히 전 세계 축구팬들의 주목을 받았다. 인위적인 조작이 없다고 가정할 때 파울이 한 번 적중할 확률은 0.5이고 여덟 번 연속으로 적중할 확률은 0.0039다. 이 경우 우리는 아주 낮은 확률 사건이 일어났다고 말할 수밖에 없다.

통계학에서 샘플을 선택할 때도 낮은 확률 사건이 일어난다. 빨간 공과 파란 공이 든 항아리에서 임의로 공 하나를 꺼낸다고 해보자. 항아리에 빨간 공이 더 많이 들어 있어도 꺼낸 샘플 중에 파란 공 비중이 더 높을 수 있다. 이 경우 항아리 안에 파란 공이 더 많다는 잘못된 결론을 내리기 십상이다. 이 점을 감안해 통계학자들은 한 가지 방법을 고안했고 이로써 샘플로 종합적인 특성을 추정하는 능력을 높였다.

예를 들어 공이 아주 많이 들어 있는 항아리가 있다고 가정해보자. 그중 빨간 공과 파란 공의 비율은 $P : (1-P)$이고 $P(P \leq 1)$는 아직 모른다. 항아리에서 한 번에 공 5개를 꺼내는데 이것을 샘플이라고 한다. p는 빨간 공이 파란 공보다 많은(빨간 공이 적어도 3개) 샘플이 전체 샘플(모든 샘플은 전부 공 5개를 포함한다)에서 차지하는 비율($p \leq 1$)이라고 가정한다. 확률론에 따라 얻을 수 있는 P와 p의 관계는 다음과 같다.

P	0.1	0.2	0.3	0.4	0.5	0.6	0.7	0.8	0.9
p	0.01	0.06	0.16	0.32	0.50	0.68	0.84	0.94	0.99

이는 항아리에서 빨간 공 비율이 0.1일 때 꺼낸 샘플 중 빨간 공이 다수를 차지하는 샘플의 비율이 매우 낮다는 것을 말해준다. 좀 더 정확히 말하면 샘플 100개 중 단 하나의 샘플만 이 경우에 해당한다.

가감과 거듭제곱만 있었다면 통계학은 학문화하지 못했을 것이다. 수학과 동등한 위치를 차지하는 일은 더욱더 그렇다. 다행히 통계학에는 가우스의 정규 분포 이론이 있었다. 19세기 후반 영국 통계학자 프랜시스 골턴(Sir Francis Galton, 1822~1911)과 칼 피어슨(Karl Pearson, 1857~1936)은 부모의 키와 자녀의 키 사이의 유전 관계를 연구해 키가 평균 쪽으로 회귀하는 현상을 발견했다. 즉, 키는 양극으로 분화하지 않았다.

찰스 다윈의 조카인 골턴은 그 유명한 보드 실험을 진행했다. 그는 평평한 목판 위에 못 20개를 열로 고르게 놓아두었고 앞 열에 있는 두 못의 중간에 다음 열의 못을 두었다. 그런 다음 제일 높은 층 중간에 있는 못 쪽에 구슬을 놓아 굴러 내려가게 했다. 구슬이 못에 닿아 왼쪽이나 오른쪽을 향해 굴러 떨어질 확률은 각각 0.5다. 못 사이의 간격이 구슬의 지름보다 살짝 넓기 때문에 구슬이 다시 못에 부딪혀 좌우 어느 쪽으로든 떨어질 확률은 똑같이 0.5다.

골턴은 구슬이 충돌하면서 밑으로 떨어지기는 해도 중심 위치에서 크게 벗어나지 않는다는 걸 발견했다. 구슬은 대부분 아랫부분 중심 쪽으로 모였고 양끝으로 향하는 구슬의 수는 점차 줄어들었다. 마지막에 차곡차곡 쌓인 구슬은 종 모양 곡선을 형성했는데 이것이 바로 1733년 프랑스계 영국인 수학자 드무아브르(Abraham de Moivre, 1667~1754)가 제기하고 독일 수학자 가우스(이것을 최초로 천문학 연구에 응용했다)의 이름을 따서 만들어진 정규 분포 곡선이다.

$$y = \frac{1}{\sqrt{2\pi}} e^{-\frac{x^2}{2}}$$

중간에 있는 못 6개 간격 사이로 굴러 떨어지는 구슬을 고려하면 그 확률은 상술한 함수가 [−3, 3] 구간에 있는 정적분으로 약 99.73퍼센트가 된다.

골턴의 보드 실험과 가우스의 정규 분포 곡선

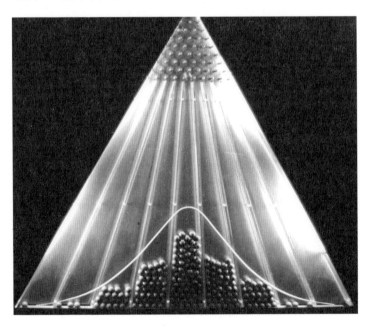

셰익스피어의 시문과 기일

윌리엄 셰익스피어(William Shakespeare, 1564~1616)는 영국의 대문호 이자 역사상 위대한 문학가 중 한 명으로 불린다. 1985년 가을 셰익 스피어를 연구하던 한 전문가가 옥스퍼드대학교 보들리 도서관에 서 아홉 개 연으로 구성된 시가 적힌 쪽지를 발견했다. 230년 가까 이 소장되어 온 그 시는 과연 셰익스피어의 작품일까?

2년 후 통계학자 두 명이 이 시를 연구하면서 셰익스피어의 창 작 스타일과 대조하자 놀랍게도 일치한다는 결과가 나왔다. 알려 진 대로 셰익스피어가 시문에서 사용한 단어는 88만 4,647개이고 이 중 3만 1,534개가 달랐는데 등장 빈도는 다음과 같다.

단어 사용 빈도	1	2	3	4	5	> 100
다른 단어 수	14 376	4 343	2 292	1 463	1 043	846

이는 셰익스피어가 새 단어 쓰기를 좋아했음을 보여준다. 그가 한 번만 사용하고 버린 단어는 무려 45.6퍼센트에 달하고 두 번만 사용한 단어는 13.8퍼센트를 차지한다. 만약 셰익스피어의 다른 작품에도 동일한 통계를 적용한다면 다른 단어의 출현 빈도는 좀 더 높아질 것이다. 쪽지에 등장한 단어는 총 429개고 258개가 다 른 단어다. 관측치와 셰익스피어 작풍(作風)에 근거한 예측치가 상 당히 근접했다는 이야기다. 통계학자들은 셰익스피어와 동시대

에 살았던 유명 시인 새뮤얼 존슨(Samuel Johnson), 크리스토퍼 말로(Christopher Marlowe), 존 던(John Donne)의 작품도 조사했는데 통계학상 사전 예측치와 시의 실제 관측치 사이에 현격한 차이가 존재했다.

그 후 셰익스피어의 다른 작품 『로미오와 줄리엣(Romeo and Juliet)』, 『토머스 모어(Sir Thomas More)』, 『에드워드 3세(Edward III)』도 동일한 방법으로 검증했다. 잘 알다시피 『로미오와 줄리엣』은 이탈리아 상류사회가 배경이지만 셰익스피어는 영국 평민 출신이다. 이 때문에 과거 300년 동안 찰스 디킨스(Charles Dickens)와 마크 트웨인(Mark Twain)을 비롯한 문학가들은 『로미오와 줄리엣』이 셰익스피어가 쓴 게 아니라며 의구심을 보였다.

소련 작가 숄로호프(Mikhail Aleksandrovich Sholokhov)의 명작 『고요한 돈강(Tikhiy Don)』도 비슷한 의심을 받았는데 1965년 숄로호프는 이 소설로 노벨문학상을 수상했다. 1970년 노벨문학상을 수상한 또 다른 소련 작가 솔제니친(Aleksandr Isayevich Solzhenitsyn)은 공개적으로 의문을 제기했다. 그는 당시 이십 대에 불과한 숄로호프가 이토록 깊이 있고 폭넓은 대작을 쓰는 것은 불가능하며 책에 나오는 사상 내용과 예술 기교도 불균형을 보인다고 주장했다.

이 논쟁은 숄로호프가 노년이 될 때까지 이어졌다. 혹자는 그가 고인이 된 작가 표도르 크류코프(Fyodor Dmitrievich Kryukov) 작품을 표절했다고 의심했다. 1984년 노르웨이 오슬로대학교의 한 통계학자는 논쟁의 여지가 없는 숄로호프의 작품, 『고요한 돈강』, 크류코프의 작품을 통계학적 방법으로 분석했다.

윌리엄 셰익스피어

먼저 다른 어휘가 전체 어휘량에서 차지하는 비율이 각각 65.5퍼센트, 64.6퍼센트, 58.9퍼센트였다. 그다음으로 가장 자주 등장하는 러시아어 20개를 선택해 등장 빈도를 알아보니 각각 22.8퍼센트, 23.3퍼센트, 26.2퍼센트였다. 마지막으로 한 번 이상 등장한 어휘가 차지하는 비중이 각각 80.9퍼센트, 81.9퍼센트, 76.9퍼센트였다. 이 중 어느 결과를 봐도 크류코프의 작풍과 『고요한 돈강』 사이에는 큰 차이가 존재하며, 숄로호프가 『고요한 돈강』의 작가일 가능성이 더 커 보인다.

20세기 인도계 미국인 통계학자 C. R. 라오(C. R. Rao, 1920~)는 이렇게 말했다.

"만약 세상 모든 일이 무작위로 일어나 예측 불가능하다면 우리 삶은 견딜 수 없을 것이다. 반대로 모든 일이 확정적이라 완벽하게 예측 가능하다면 우리 삶은 상당히 무료해질 것이다."

나아가 그는 "궁극적으로 모든 지식은 역사다. 추상적 의미에서 모든 과학은 수학이고 이성 세계에서 모든 판단은 통계학이다"라는 의견을 제시했다.

셰익스피어의 생일과 기일은 모두 4월 23일이고 이 날은 위대한 스페인 작가로 『돈키호테(Don Quixote)』를 쓴 세르반테스(Miguel de Cervantes Saavedra)의 기일이기도 하다. 두 사람은 1616년 같은 날 세상을 떠났다. 중국 역사상 최고의 극작가로 꼽히는 명나라 후기 극작가 탕현조(湯顯祖)도 같은 해 숨을 거두었다. 이는 예측할 수 없을 정도로 미미하고 심지어 아예 무시해도 될 만큼 낮은 확률이다.

세계 최초 암호,
에니그마에서 튜링까지

인류 전쟁사에서 이렇게 적은 병력으로 이렇게 큰 성공을 거두고
이렇게 많은 민중을 보호한 적은 없었다.

— 윈스턴 처칠

펠로폰네소스전쟁

펠로폰네소스전쟁은 아테네를 주축으로 한 델로스 동맹과 스파르타를 주축으로 한 펠로폰네소스 동맹 사이에 벌어진 전쟁으로, 아테네의 패권 야욕과 스파르타의 완강함이 그 원인이었다. 이 전쟁은 기원전 431년부터 기원전 404년까지 이어졌다. 주변의 대다수 도시국가는 두 진영 중 어느 쪽으로든 가담할 수밖에 없었다. 처음에는 양측의 실력이 서로 엇비슷해 한동안 전쟁이 교착 상태에 빠졌다.

아테네 측은 해전에서 큰 승리를 거둬 전쟁을 종식할 기회를 얻었지만 그들이 제시한 요구가 너무 지나쳐 평화협정을 체결할 시기를 놓치고 말았다. 전쟁의 불길은 끊임없이 타올라 머나먼 시칠리아까지 번지기도 했다. 그러던 중 스파르타는 페르시아제국의 지원 덕분에 강력한 아테네 해군에게 큰 타격을 가하는 데 성공했다.

기원전 405년 펠로폰네소스전쟁은 끝을 향해 가고 있었다. 스파르타군은 점차 우위를 차지하며 아테네에 최후의 일격을 가할 준비를 했다. 그런데 스파르타 편에 섰던 페르시아가 갑자기 태도를 바꿔 원조를 중단했다. 계속된 전쟁으로 아테네와 스파르타가 모두 손상을 입으면 어부지리로 이득을 취할 속셈이었던 것이다.

스파르타는 페르시아군의 구체적인 행동 계획을 분명히 파악할 필요가 있었다. 그래야 서둘러 새로운 전략을 취할 수 있었기 때문이다. 당시 페르시아제국의 아케메네스 왕조는 쇠락기에 접어든 상태였고 스파르타군은 때마침 페르시아 군영에서 아테네로 정보를 전하러 가던 밀정을 체포했다. 스파르타 병사는 해당 밀정을 자세히 살폈지만 무질서하고 어지럽게 그리스 자모로 가득한 허리띠 외에는 아무것도 얻지 못했다.

정보는 대체 어디에 숨겨져 있었을까? 스파르타군의 지휘관 리산드로스(Lýsandros)는 밀정의 허리띠에 온 신경을 집중했다. 무질서하게 적힌 자모 안에 정보가 숨어 있을 거라고 판단했기 때문이다. 허리띠를 이리저리 살펴본 그는 다양한 방법으로 자모를 배열하고 조합해보았지만 속수무책이었다. 리산드로스가 거의 자신감을 상실할 즈음 기적이 일어났다.

리산드로스가 무의식중에 허리띠를 칼집에 나선형으로 감았다가 완전한 조합의 메시지를 발견한 것이다. 그것은 아테네 밀정이 아테네에 전하려던 정보로 스파르타군이 최후의 공격을 감행할 때 페르시아군이 배후에서 스파르타를 칠 준비를 하고 있다는 내용이었다.

에드가르 드가 〈운동하는 스파르타 젊은이들〉

이 정보를 바탕으로 스파르타군은 즉시 작전 계획을 바꿨다. 스파르타는 무방비 상태였던 페르시아군에 벼락 같이 공격을 가해 일거에 섬멸하고 후환을 없앴다. 이후 아테네를 정벌한 스파르타는 27년 동안 이어진 전쟁에 마침표를 찍었다.

아테네 밀정이 두르고 있던 허리띠는 어쩌면 세계 최초의 암호일지도 모른다. 통신하는 쌍방은 사전에 암호 해독 규칙을 정한다. 그중 한쪽이 허리띠를 약속한 길이와 굵기의 나무막대에 두르고 글을 적는다. 정보를 받은 상대방은 허리띠를 똑같은 길이와 굵기의 나무막대에 둘러야 정보를 읽을 수 있다.

이 암호 통신 방식은 그리스에 광범위하게 퍼져갔고 근대 암호 전보 발명에 영향을 주었다고 한다. 펠로폰네소스전쟁은 그리스 문명뿐 아니라 역사학 자체에도 중요한 의미가 있다. 고대 그리스 아테네의 역사가 투키디데스(Thukydídēs)는 『펠로폰네소스전쟁사(The History of the Peloponnesian War)』에서 펠로폰네소스전쟁을 상세히 기록했다. 그가 분석한 전쟁 원인과 배경은 사학계에서 선구자적 역할을 했다. 애석하게도 기원전 411년 겨울 투키디데스는 돌연 세상을 떠났다. 이후 반세기 역사는 소크라테스(Sōkrátēs)의 제자 크세노폰(Xenophōn)이 배턴을 이어받아 완성했다.

오퍼레이션 리서치와 에니그마

암호학의 힘은 현대 전쟁에서 더욱 두드러진다. 1940년 5월 독일군은 신속하게 기습 작전을 펼쳐 영불연합군을 격파했다. 영국군은 영국 해협의 프랑스 항구도시 됭케르크에서 서둘러 퇴각했는데 이를 '됭케르크 철수 작전'이라 부른다. 당시 영국 육군은 이미 패해 중장비를 대량으로 버린 상태였고 공군은 양적·질적·기술적으로 독일군보다 한참 뒤처져 있었다.

심지어 독일 공군사령관 괴링(Hermann Wilhelm Göring)은 비행기를 보내 영국 해협을 지나 무차별 폭격을 감행하면 영국을 굴복시킬 수 있을 것이라고 생각했다. 그래서 1940년 7~10월 런던을 비롯한 도시에서는 거의 매일 공습경보가 울렸는데 당시 상황은 미국 영화 〈애수(Waterloo Bridge)〉(1940)가 잘 묘사하고 있다. 그런데 막상 공중전을 벌이자 예상 밖의 결과가 나타났다. 독일군이 잃은 비행기는 1,733대였지만 영국군은 915대에 불과했다. 결국 히틀러는 영국 정복 계획을 포기할 수밖에 없었다.

대체 무엇이 이 전쟁의 승패를 결정했을까? 일반적으로 사람들은 용감무쌍한 병사, 현명하고 결단력 있는 지휘관, 뛰어난 무기, 강한 국력, 국민의 인정과 지지가 승리 비결이라고 생각한다. 그렇지만 제1차 세계대전 때는 조종사였고 제2차 세계대전에서는 영국 정보원으로 활약했으며 영국 훈장과 미국 명예훈장을 받은 영국인 F. W. 윈터보섬(Frederick William Winterbotham CBE)은 제2차 세계

독일의 에니그마

회전자

전구판

자판

플러그판

대전 때 동맹군의 승리를 과학의 공으로 돌렸다.

먼저 응용수학의 중요한 분과인 오퍼레이션 리서치(OR)가 제2차 세계대전 현장에서 탄생했다. 그때는 영국인이 레이더를 발명하고 얼마 지나지 않은 무렵이라 영국 레이더가 독일 레이더보다 성능이 떨어졌다. 영국군은 수학자를 중심으로 한 OR팀을 구성해 최적의 레이더 배치와 고사포 사격 범위를 연구했다. 그 결과 200발을 발사해 적기 하나를 격추하던 것이 20발마다 격추하는 것으로 성능 향상을 이뤄냈다. 이후 미국과 캐나다에서도 잇달아 OR팀을 구성했고 제2차 세계대전이 끝날 즈음에는 연구 인원이 700여 명에 달했다.

암호전도 매우 중요하다. 1918년 독일 엔지니어 아르투어 세르비우스(Arthur Scherbius)는 자신이 발명한 '에니그마(Enigma, 독일어로 '수수께끼'라는 뜻)'의 특허를 신청했다. 이는 세계 최초의 전기 암호 장치로 타자기처럼 생긴 모양에 26개 알파벳 자판은 있지만 특수문자 키는 없었다.

에니그마에는 알파벳 26개로 구성된 알파벳판과 회전자도 있었다. 회전자가 알파벳을 규칙적으로 바꿔주면서 암호 같은 효과를 낸 것이다. 여기에는 기본적인 암호화 과정 외에 모든 알파벳판 밑에 단자가 있어서 전선 하나로 두 단자를 서로 연결할 수 있었다. 예를 들어 단자 A와 단자 Z가 있으면 알파벳 A는 회전자를 거쳐 알파벳 Z로 변할 수 있다. 상대방은 수신 후 회전자를 반대로 해서 알파벳 Z를 다시 알파벳 A로 바꿨다.

사용자는 매번 알파벳 여섯 쌍의 단자를 연결해야 했다. 알파벳 26개에서 여섯 쌍을 취하는 방법은 어렵지 않게 구할 수 있다.

$$\frac{1}{6!} \times \frac{26 \times 25}{2} \times \frac{24 \times 23}{2} \times \cdots\cdots \times \frac{16 \times 15}{2} = 100\ 391\ 791\ 500$$

여기에 회전자 배열과 위치가 바뀌는 것까지 고려하면 경우의 수는 천문학적 숫자로 나온다. 어떠한 통계 방법과 인력을 동원하더라도 이를 해독할 수 없는 것이다. 히틀러는 에니그마 시연을 직접 살펴보고 그 원리를 이해했다. 에니그마로 작성하면 절대 암호를 풀 수 없을 거라고 확신한 그는 군 전체에 에니그마를 설치하도록 명령했다. 히틀러는 수학의 힘과 수학자의 지혜를 과소평가했다.

레예프스키와 튜링

제2차 세계대전 이전에는 암호를 해독하는 데 수학 지식의 필요성을 별로 느끼지 못했다. 많은 국가가 언어분석 전문가, 십자말풀이 고수, 세계 체스 챔피언에게 도움을 청했을 뿐 수학자를 떠올린 경우는 거의 없었는데 폴란드는 예외였다. 독일과 소련 사이에 위치한 폴란드는 항상 높은 경계 태세를 유지했다. 더구나 제1차 세계대전이 끝나고 얼마 지나지 않아 폴란드의 저명한 수학자 시에르핀스키(Wacław Franciszek Sierpiński, 1882~1969)는 폴란드 암호국을 도와 소련의 암호를 해독하기도 했다.

1928년 독일군이 전혀 새로운 암호를 사용하기 시작했음을 알게 된 폴란드군은 암호를 해독할 방법이 없자 초조해졌다. 1929년 초 폴란드 중서부 포즈난대학교 수학과 대학생과 대학원생은 보안유지 선서를 하고 암호학 수업을 듣기 시작했다. 포즈난은 독일과 인접한 지역이라 그 지역 사람들은 독일어를 할 수 있었다.

마리안 레예프스키

학생들은 매주 이틀 동안 암호학을 배웠다. 몇 주가 지나자 각종 구식 암호를 해독하는 학생들도 있었고 해독 능력이 뒤떨어져 탈락하는 학생들도 있었다. 결국 마지막에 가장 우수한 학생 세 명이 남았는데 바로 레예프스키(Marian Adam Rejewski, 1905~1980), 지갈스키(Henryk Zygalski, 1908~1978), 루지츠키(Jerzy Witold Różycki, 1909~1942)다. 이들이 독일군의 에니그마를 해독한 주인공이며 그중 레예프스키의 공이 제일 컸다.

포즈난대학교에서 석사학위를 취득한 레예프스키는 독일 괴팅겐대학교에서 1년간 연수를 받고 다시 모교로 돌아와 학생들을 가르쳤다. 1932년 그는 동료 두 명과 암호국에 들어가 이듬해 초 암호 해독 분야에서 큰 성과를 거뒀다. 레예프스키의 암호 해독법은 19세기 프랑스 수학자 에바리스트 갈루아(Évariste Galois, 1811~1832)가 창안한 치환군 원리와 고윳값 이론에 근거한 것이다. 훗날 그는 '제2차 세계대전을 승리로 이끈 정리'라고 불리는 치환군 정리를 증명했다.

폴란드는 초기 에니그마를 해독하긴 했지만 이후 독일이 취한 개선 조치에는 대응하지 못했다. 무엇보다 두 국가의 국력 차이가 워낙 큰 탓에 결국 폴란드는 망국의 운명을 벗어나지 못했다. 그나마 다행인 것은 핵심 기술과 설비를 제때 영국과 프랑스에 넘긴 것이었다. 하지만 폴란드가 함락되고 1년도 채 지나지 않아 프랑스도 무너졌다. 결국 바다를 사이에 두고 마주보던 영국이 계속해서 에니그마를 해독해 반파시즘 전쟁을 승리로 이끌어야 할 부담을 떠안게 되었다.

레예프스키보다 일곱 살 어린 튜링(Alan Turing, 1912~1954)은 런던에서 태어났다. 1935년 킹스칼리지를 우수한 성적으로 졸업하고 학교에 남아 교수가 된 그는 이듬해 '범용 컴퓨터' 개념을 제시했다. '튜링 머신(Turing machine)'이라고 불리는 이것은 오늘날에도 사용하고 있다. 1938년 미국 프린스턴대학교에서 수학 박사학위를 취득한 튜링은 헝가리인 폰 노이만(John von Neumann, 1903~1957)의 조수 자리를 거절하고 귀국해 런던의 암호학교에 들어갔다.

앨런 튜링

레예프스키는 알파벳 A가 암호화해 Q로 변하면 Q도 필연적으로 암호화해 A로 변하는 에니그마의 결점을 발견했고 이를 바탕으로 치환군 정리를 증명했다. 튜링이 발견한 에니그마의 또 다른 결점은 암호화한 알파벳 A는 A 자체로 변할 수 없다는 점이다. 그는 독일인이 쓴 글에서 판에 박힌 듯한 형식과 암호장치 작동상의 실수(두 번에 걸쳐 발송한 글 사이의 연결어가 중복되는 등)를 이용해 암호 해독 작업을 간소화했다.

1940년 3월 영국군은 마침내 에니그마를 해독하는 전기 기계장치 봄브(bombe)를 만들어냈다. 그다음 해가 되자 이 기기의 수량은 14대로 늘었고 1945년에는 211대까지 급증하면서 조작 인원이 거의 2,000명에 달했다. 이후 공개된 문건에 따르면 봄브는 독일군의 에니그마 정보를 90퍼센트 이상 해독해 제2차 세계대전에서 승리를 거두는 데 중요한 역할을 했다.

예를 들어 북아프리카에 주둔하고 있던 에르빈 로멜(Erwin Rommel)은 지혜롭고 싸움을 잘해 '사막의 여우'로 불렸다. 그런데 봄브가 로멜과 독일군 본부 사이에 오간 전보를 모두 해독하면서 상황은 완전히 달라졌다. 암호 해독으로 로멜군의 실탄과 양식이 다 떨어졌음을 알게 된 영국군 지휘관 몽고메리(Bernard Law Montgomery)는 '엘 알라메인 전투(Battle of El Alamein)'를 개시해 로멜을 단숨에 격파했다.

이후 봄브는 대서양 전투, 노르망디 상륙작전, 심지어 미국과 일본이 치른 미드웨이 해전(미군이 일본군 항공모함 4척을 격침)에서도 큰 힘을 발휘했다. 1943년 4월 17일 일본군의 비밀 전보를 손에 넣은 미국 해군은 일본 연합함대 사령관 야마모토 이소로쿠(山本五十六, 진주만 사건을 면밀히 계획한 인물)가 전방으로 시찰을 간다는 걸 알게 되었다. 다음 날 오전 미군은 솔로몬 제도에서 전투기 6대의 호위를 받던 야마모토가 탄 비행기를 격추시켰다. 이 사건은 세계 반파시즘 전쟁에서 최종 승리를 거두는 데 든든한 밑바탕을 마련했다.

공중전에서 승리한 뒤 영국 수상 처칠은 하원에서 이렇게 연설했다.

"인류 전쟁사에서 이렇게 적은 병력으로 이렇게 큰 성공을 거두고 이렇게 많은 민중을 보호한 적은 없었다."

이는 공군 조종사뿐 아니라 암호를 해독한 정보원을 칭찬한 것이었다.

수학은 암호 해독 외에 암호를 설정할 때도 쓰였다. 1977년 매사추세츠 공과대학의 세 청년이 오일러 정리와 남송의 수학자 진구소(秦九韶)의 대연구일술(大衍九一術, 부정방정식 산법)을 이용해 유명한 RSA(세 청년의 이름 앞 글자를 딴 것) 공개 키 암호 방식을 제시했다. 그 후 수학은 암호학과 떼려야 뗄 수 없는 관계가 되었다.

數學的 思考

II

수학자
이야기

1

최초로
이름을 남긴 수학자
탈레스

기하학을 모르는 사람은 들어오지 마시오.

— 플라톤

밀레투스의 탈레스

인류 문명사를 보면 우연이 적지 않다. 예를 들면 1616년 4월 23일 위대한 작가 셰익스피어와 세르반테스가 세상을 떠났고 이후 4월 23일은 '세계 책의 날'이 되었다. 이탈리아의 위대한 과학자 갈릴 레이(Galileo Galilei, 1564~1642)가 사망한 1642년 영국의 위대한 과학 자 뉴턴(Issac Newton, 1642~1727)이 탄생했다. 그보다 더 이른 시기에 고대 그리스는 수학자와 철학자를 대거 배출했다. 르네상스 시대 에 이탈리아 작가와 예술가가 끊임없이 등장했던 것처럼 말이다.

1266년, 대시인 단테(Dante Alighieri, 1265~1321)가 태어난 이듬해에 그가 태어난 피렌체에서 당대 가장 걸출했던 예술가 조토(Giotto di Bondone, 1266~1337)가 태어났다. 이탈리아인은 예술사에 있어 가장 위대한 시대가 조토로부터 시작되었다고 여긴다. 영국 미술사가 에른스트 곰브리치(Sir Ernst Gombrich)에 따르면 조토 이전에 사람들 은 화가나 조각가를 훌륭한 목수나 재봉사와 다를 바 없는 기술자 로 여겼다. 그래서 작품에 서명을 남기지 않는 경우가 흔했다. 그렇지만 조토가 등장한 이후 예술사는 예술가의 역사가 되었다.

그에 비하면 수학자는 훨씬 운이 좋은 편이다. 최초로 후세에 이름을 남긴 수학자는 고대 그리스의 탈레스(Thalēs, 624~545BC)다. 그가 살던 시대는 조토보다 1800년이나 앞선다. 탈레스는 소아시아에 있는 밀레투스(오늘날 터키의 아시아대륙 쪽 서해안 멘데레스강 하구 근처)에서 태어났다. 당시 밀레투스는 동양에 있는 그리스 최대 도시였고 주변에 사는 주민은 이오니아 이민족이 대다수였다. 이런 이유로 그 지역을 이오니아라고 부르기도 했다.

밀레투스에서는 상인 통치가 씨족 귀족 정치를 대신한 덕분에 사상이 자유롭고 개방적이었으며 문학예술과 인문 분야에서 유명한 인물이 많이 나왔다. 서사시인 호메로스(Hómēros)와 역사학자 헤로도토스(Hēródotos)도 이오니아 출신이다. 탈레스는 젊은 시절 장사를 하며 이집트와 바빌로니아를 두루 돌아다녔는데 그때 수학과 천문학 지식을 배웠다고 한다. 이후 그는 물리학, 공학, 철학도 연구했다.

밀레투스학파를 만든 탈레스는 종교를 떠나 자연현상 속 진리를 탐구하려 했다. 무엇보다 그는 생명과 운동은 어디에나 있으며 만물의 근원은 물이라고 생각했다. 이쯤에서 물과 관련된 일화를 하나 살펴보자.

청년 탈레스가 장사를 하며 사회를 폭넓게 경험하던 어느 날 노새에 소금을 실어 운반하던 중 노새가 미끄러지면서 시냇물에 빠지고 말았다. 그 바람에 소금이 일부 물에 녹아버렸고 순간 무게가

가벼워졌음을 느낀 노새는 시내를 건널 때마다 바닥에 굴렀다. 탈레스는 이 나쁜 습관을 고치기 위해 노새 등에 솜을 실었다. 솜이 물을 흡수하면서 무게가 갑절로 늘자 이후로 노새는 더 이상 물에 빠지려 하지 않았다.

수학 분야에도 탈레스와 관련해 널리 전해지는 이야기가 있다. 그가 이집트에 있을 때의 일이다. 어느 화창한 봄날 탈레스는 피라미드 높이를 계산하기 위해 막대기 하나를 바닥에 수직으로 꽂았다. 그는 막대기 그림자와 막대기 높이가 같아졌을 때 피라미드 그림자의 길이를 쟀다. 그 길이가 곧 피라미드 높이였던 것이다. 하지만 피라미드 밑바닥은 점이 아니라 넓은 면이라 특정 햇빛 각도에서만 정확히 측정할 수 있었다.

이 이야기의 다른 버전도 있다. 탈레스가 피라미드 그림자의 끝부분에 막대기를 세우고 태양광 그림자를 이용해 비슷한 삼각형 2개를 만들자 피라미드 높이와 막대기 높이의 비가 두 그림자 길이의 비와 같아졌다는 것이다.

명인의 눈에 비친 탈레스

탈레스는 몇몇 후세 철학자와 작가의 저서에 관련 일화가 나오고 있을 뿐 생애가 거의 알려지지 않았다. 탈레스보다 300여 년 후 사람인 철학자 아리스토텔레스는 이런 이야기를 했다.

밀레투스의 탈레스

탈레스는 자신이 아는 농업 지식과 기상 자료를 근거로 이듬해 올리브가 대풍년일 거라고 예측했다. 그는 자금을 모아 그 지역에 있는 모든 착유기를 미리 저렴한 가격에 빌렸다. 결국 탈레스의 예상이 맞아떨어지면서 착유기 공급이 수요를 감당하지 못하는 상황이 벌어졌다. 이때 탈레스는 착유기를 고가에 빌려주어 거액을 벌었다. 그가 그렇게 한 이유는 부자가 되기 위해서가 아니었다. 자신을 비웃던 사람들에게 당신이 그렇게 잘났다면 왜 부자가 되지 못했느냐며 반격을 가하기 위해서였다. 이는 돈보다 지식이 낫다고 타이르는 것이기도 했다.

아리스토텔레스의 스승인 플라톤의 아카데메이아 정문에는 '기하학을 모르는 사람은 들어오지 마시오', 후문에는 '철학을 아는 사람만 나라를 다스릴 수 있다'라고 적혀 있었다고 한다. 플라톤은 저서에 또 다른 탈레스 일화를 기록했다.

어느 날 탈레스가 천문을 관찰하다가 그만 도랑에 빠지고 말았다. 그러자 근처에 있던 예쁜 여종이 그를 비웃으며 말했다.
"당장 발 앞에 있는 것도 못 보면서 어떻게 하늘의 일을 알 수 있겠어요?"
이때 아무런 반응을 보이지 않은 탈레스는 아테네 집정관 솔론(Sólōn)의 질문에는 제대로 정곡을 찔렀다. 그리스 작가 플루타르코스(Ploútarchos, 46(?)~120(?))의 기록(탈레스 사망 후 600년도 더 지난 때)

에 따르면 탈레스보다 나이가 열네 살이나 많은 아테네 집정관 솔론이 밀레투스로 탈레스를 만나러 왔다. '그리스 7현인'에 속하는 두 사람의 대화는 잔잔한 변화를 일으켰다. 솔론이 탈레스에게 결혼하지 않은 이유를 물어봤던 것이다. 평생 혼자 살았던 탈레스는 솔론의 질문에 대답하지 않았다.

며칠 후 감성적이고 시 쓰기와 여행을 좋아한 솔론은 아테네에서 불행하게 목숨을 잃은 청년이 자신의 아들일지도 모른다는 소식을 듣고 비통함을 감추지 못했다. 그때 탈레스가 웃으며 나타나더니 그 정보는 거짓이라고 말해주었다. 그러면서 자신이 결혼해서 자식을 낳고 싶지 않은 이유가 가족을 잃는 고통을 마주하기 두려워서라고 설명했다.

탈레스와 솔론은 각각 "지나치게 신중하면 재난을 불러올 뿐이다"와 "극단을 피하라"라는 격언을 남겼다.

플루타르코스의 작품은 르네상스 시대에 큰 인기를 얻었다. 프랑스 작가 몽테뉴(Michel de Montaigne)는 플루타르코스를 극진히 떠받들었고 셰익스피어의 희곡 작품 중 상당수는 그의 저서에서 소재를 얻어 탄생했다. 플루타르코스는 기록 후 매번 논평을 남겼는데 탈레스의 결혼관을 두고 이런 글을 적었다.

잃을 것이 두려워 꼭 필요한 걸 얻지 않는 것은 불합리하고 보잘것없는 일이다. …… 어떤 경우든 우리는 가난해지는 것으로 재산을 잃는 것을 막을 수 없고, 무리를 떠나 홀로 쓸쓸히 지내는 것으로 친구를 잃는 것을 막을 수 없으며, 자녀를 낳지 않는 것으로 자녀가 요절하는 것을 막을 수 없다. 모든 불행은 이성으로 대해야 한다.

다재다능했던 탈레스

아리스토텔레스의 자랑스러운 제자 에우데모스(Eudēmos, c. 370~c. 300BC)는 과학사에서 최초의 수학사가로 여기는 인물이다. 그는 산술사, 기하사, 천문학사 분야의 저서를 집필하고 은사 아리스토텔레스의 전집을 다른 사람과 공동 편찬했다. 에우데모스는 책에 이렇게 적었다.

…… (탈레스는) 기하학 연구를 (이집트에서) 그리스로 도입했다. 그는 수많은 명제를 발견하고 다른 명제를 도출할 수 있는 기본 원리를 연구하도록 학생들을 지도했다.

플라톤의 한 제자가 남긴 기록에 근거해 우리는 탈레스가 탈레스 정리를 포함해 평면기하학의 다섯 가지 정리를 증명했음을 알고 있다. 다른 네 가지 정리는 다음과 같다.

'지름은 원을 이등분한다, 이등변삼각형의 두 밑각 크기는 같다, 서로 교차하는 두 직선이 만드는 맞꼭지각 크기는 같다, 대응하는

한 변의 길이와 양끝 각이 같으면 두 삼각형은 서로 합동이다.'

그뿐 아니라 탈레스는 명제 증명 방법을 도입하기도 했다. 즉, 일부 공리와 확실하게 인정받은 명제로 다른 명제를 논증한 것이다. 탈레스가 이 모든 성과를 거뒀음을 실증하는 원전은 없지만 상술한 기록이 지금까지 전해지면서 탈레스는 역사상 최초의 수학자이자 논증기하학의 시조로 불린다. '탈레스 정리(Thales's theorem)'도 수학 역사상 수학자의 이름을 따서 명명한 최초의 정리다.

수학 분야 외에도 탈레스가 거둔 성과는 눈부시다. 특히 그는 "물은 만물의 근원이다"라는 말을 남겼다. 그는 물이 햇빛을 받아 증발하고 안개가 수면 위로 올라가 구름을 형성하며 구름이 비로 전환되므로 물을 만물의 근원으로 본 것이다. 이 관점은 나중에 틀린 것으로 밝혀졌지만 그는 대자연의 본래 모습을 대담하게 드러내고 자신의 사상 체계(그는 지구가 평평한 원반 모양이고 수면 위에 둥둥 떠 있다고 믿었다)를 세웠다. 이런 이유로 그는 고대 그리스 철학의 시조로 인정받고 있다.

물리학 분야에서 광물인 호박(electrum)이 마찰하면 정전기가 발생한다는 것도 탈레스 덕분에 알아낸 사실이다. 플라톤이 태어나기 2년 전에 세상을 떠난 '역사의 아버지' 헤로도토스는 탈레스가 일식을 정확히 예측했다고 공언했다. 에우데모스는 춘분, 하지, 추분, 동지로 나눈 사계절의 길이가 같지 않다는 걸 탈레스가 알고 있었다고 믿었다.

헤로도토스의 대표작 『역사(Historíai)』는 지금까지 온전하게 전해지는 서양 최초의 산문 작품이다. 그래서 헤로도토스는 서양 문학의 창시자이자 인문주의를 대표하는 걸출한 작가로 인정받는다. 헤로도토스는 이 책에서 탈레스가 일식을 예측한 이야기를 기술했다. 당시 메디아와 리디아는 전쟁을 벌였는데 5년이 지나도록 승부가 나지 않아 백성이 도탄에 빠지고 도처에 시체가 즐비했다. 곧 일식이 일어나리라고 예측한 탈레스는 하늘이 전쟁을 반대하면 일식으로 경고할 것이라고 선언했다. 실제로 양국 군대가 격전을 벌이는 동안 환하던 하늘이 갑자기 밤처럼 어두워졌다. 두려움에 질린 병사들은 탈레스의 예언을 떠올리며 전쟁을 멈추었다.

탈레스의 평소 말투에는 유머와 철학 이치가 담겨 있었다. 가령 그는 "어떻게 하면 정직한 삶을 살 수 있습니까?"라는 질문에 "남이 했을 때 당신이 싫어하는 행동을 하지 마시오"라고 답했다. 또한 "당신이 본 가장 기괴한 일은 무엇입니까?"라는 물음에는 "오래 사는 폭군이오"라고 대답했다. "무언가를 발견했을 때 어떤 것을 받고 싶습니까?"라는 질문에 한 번도 상금을 받지 못했던 탈레스의 대답은 이러했다.

"다른 사람에게 알릴 때 당신이 발견했다고 하지 말고 내가 발견했다고 말하시오. 그것이 바로 내게 주는 최고의 상이오."

2

주인 집안 출신
조충지

원을 잘게 쪼개 붙이면 남는 부분이 점점 줄어든다.

— 유휘

완원이 편찬한 『주인전』

1795년은 중국 수학과 수학사에 상당히 의미 있는 해다. 일대 문호로 칭송받던 완원(阮元, 1764~1849)이 처음 항저우에서 저장 학정(學政, 교육청장에 해당)으로 부임해 『주인전(疇人傳)』 편찬을 주재했기 때문이다. '주인'이란 고대 중국에서 주로 천문과 역산을 관장하던 사람으로 그 일을 가업으로 전수하는 경우가 많았다. 대표적인 예로 위진남북조 시대 조충지와 그의 아들 조긍을 들 수 있다.

주나라 때 수학은 유가에서 반드시 배워야 할 '육례(六藝)'에 들어갔지만 통치자들은 점차 수학을 괄시했다. 그들은 수학을 하찮은 잡기로 여겼고 송나라 때 편찬된 『신당서(新唐書)』에 이런 글이 나올 정도였다.

"무릇 퇴보(推步, 천문 현상과 역법 계산), 복상(卜相, 점을 치거나 관상을 보고 길흉을 판단하는 것), 의교(医巧, 의술)는 모두 기술이라 소인도 할 수 있다."

송나라 때는 진구소나 주세걸(朱世傑) 같은 수학 명문가가 등장

완원

했으나 원나라와 명나라 시대에는 산학관(算學館)이 없었다. 국자
감 학생들도 송나라 수학 연구의 성과가 무엇인지 알지 못했다. 이
후 명나라 말기에 역법이 필요해지면서 수학은 비로소 활기를 띠
기 시작했다. 청나라 시대에는 강희 말년에 산학관을 다시 세웠고
건륭은 대신들의 건의를 받아들여 오랫동안 뿔뿔이 흩어져 있던
수학 저서를 『사고전서(四庫全書)』에 수록했다. 그 후 한동안은 천
문과 수학 지식을 섭렵하는 것이 학자가 출세하는 발판이었다.

    윗세대의 정신을 이어받고 시대의 흐름에 영향을 받은 완원은
수학을 유가의 '실사구시(實事求是)' 학문으로 승격했다. 특히 수학

의 실용성을 이해한 그는 수학을 인재 심사 기준으로 삼았다. "수학의 근본은 실제에 근거해 측정해야 한다"는 의견을 제시한 완원은 수학에 경학 연구 방법론이라는 의미를 부여했다. 그는 이예(李銳)와 주치평(周治平)의 도움으로 『주인전』 편찬을 주재했으며 이 작업의 목적은 수학과 천문학을 포함한 자연과학을 유학에 편입하는 데 있었다. 그는 저장의 순무(巡撫, 지방 행정 장관) 직을 맡은 후 고경정사(詁經精舍)를 세우고 천문과 산학 교육 과정을 개설했다.

『주인전』 초판은 모두 46권이며 전기 기록 대상자는 316명이다. 상고(商高), 영방(榮方), 진자(陳子), 손자(孫子), 장창(張蒼), 사마천(司馬遷), 경수창(耿壽昌), 유향(劉向), 왕충(王充), 장형(張衡), 채옹(蔡邕), 정현(鄭玄), 조상(趙爽), 유휘(劉徽), 갈홍(葛洪), 하승천(何承天), 조충지(祖沖之), 조긍(祖暅), 왕효통(王孝通), 이순풍(李淳風), 일행(一行), 심괄(瀋括), 소경(蘇頌), 진구소(秦九韶), 양휘(楊輝), 이야(李冶), 곽수경(郭守敬), 유기(劉基), 주재육(朱載堉), 정대위(程大位), 서광계(徐光啓), 설봉조(薛鳳祚), 황종희(黃宗羲), 매문정(梅文鼎) 등 중국 과학자 275명과 유클리드, 아르키메데스, 프톨레마이오스, 히파르코스(Hipparkhos, c. 190~c. 120BC), 코페르니쿠스(Nicolaus Copernicus, 1473~1543), 튀코 브라헤(Tycho Brahe, 1546~1601), 마테오 리치, 요한 아담 샬(Johann Adam Schall von Bell, 1591~1666) 등 외국 과학자 41명이 수록되어 있다.

여기서 짚고 넘어가야 할 것은 동한 시대 대학자 정현(鄭玄, 127~200)의 전기에 "경전을 연구하는 학자는 수학을 몰라서는 안 된다"라는 논평이 실려 있다는 점이다. 이는 중국에서 문리(文理)

융합의 중요성을 최초로 언급한 것일지도 모른다. 천부적으로 총명했던 정현은 유가의 오경(五經)뿐 아니라 여덟아홉 살 때 이미 사칙연산에 정통했다. 이후 『삼통력(三統曆)』과 『구장산술』을 깊이 연구했다.

『주인전』이 출판되자 중국에 천문과 수학 분야를 체계적으로 기록하는 과학기술 인재와 발명 서적이 잇따라 등장하기 시작했다. 영국의 과학사가 조지프 니덤은 『중국 과학 기술사(Science and Civilisation in China)』에서 『주인전』을 "전대미문의 중국 과학사 연구"라고 일컬으며 완원을 '정확한 과학사가'라고 칭송했다.

조충지와 원주율

조충지(祖沖之, 429~500)의 가문은 관리 집안으로 역대 조상이 대부분 천문 역법을 깊이 연구했다. 비록 조충지는 관직이 낮았지만 천문학, 수학, 나아가 기계 제조 분야에서까지 뛰어난 성과를 거뒀다. 그는 청년 시절부터 수학과 천문학에 깊은 흥미를 보였고 저서에서 자신이 어릴 때부터 "산술 공부에 주력하며 고금의 자료를 수집했다"고 고백한 바 있다.

조충지는 상고 시대부터 그가 살았던 시대의 각종 문헌자료까지 그러모아 연구하는 한편, 직접 정밀하게 측량하고 자세히 계산함으로써 앞선 연구자의 진부한 사상에 자신을 옭아매지 않았다.

즉, 선인의 학술 유산을 비판적으로 받아들이고 용감하게 자신의 새로운 견해를 제시했다. 이는 예로부터 지금까지 모든 뛰어난 과학자가 공통적으로 보여주는 훌륭한 자질이다.

　수학 분야에서 조충지는 자신보다 200여 년 앞선 위진 시대 유휘의 유산을 계승했다. 유휘는 원주율을 계산하는 할원술(割圓術)과 구의 면적을 계산하는 방법을 발명한 인물이다. 원의 면적 공식 $S=\pi r^2$으로 알 수 있듯 원의 면적(S)을 구해 반지름의 제곱(r^2)으로 나누면 그 값이 곧 원주율(π)이다. 원의 면적을 구하는 방법은 유휘가 『구장산술』 주해에서 다음과 같이 적었다.

원을 잘게 쪼개 붙이면 남는 부분이 점점 줄어든다.

더 이상 자를 수 없을 때까지 계속 쪼개면 원과 딱 맞아 남는 부분이 없어진다.

유휘는 원에 내접한 정육각형부터 면적을 계산하기 시작해 차례로 변의 개수를 2배로 늘려 내접한 정십이각형, 정이십사각형, 정사십팔각형 등의 면적을 구했다. 변의 개수를 2배로 늘릴 때마다 내접한 정다각형 면적은 점차 원의 면적에 가까워지고 원의 면적과 원주율의 정확도가 높아졌다.

고대에는 바빌로니아를 포함한 모든 민족이 3을 원주율로 삼았다. 이 분야에서는 고대 이집트인이 계산한 값이 비교적 정확했는

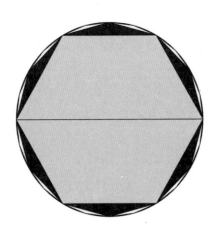

유휘의 할원술(割圓術)

데 그들이 얻은 원주율은 3.1이었다. 유휘는 할원술로 3.14라는 원주율 값을 얻었다. 이는 고대 그리스 수학자 아르키메데스가 계산한 원주율과 일치하지만 아르키메데스는 유휘보다 600년 앞선 시대를 살았다.

조충지가 계산한 원주율 π의 범위는 다음과 같다.

$$3.1415926 < \pi < 3.1415927$$

즉, 소수점 아래 7자리까지 정확하다. 그 밖에도 그는 밀률(密率)이라 불리는 $\frac{355}{113}$의 분수 형식 원주율도 얻었다. 이는 소수점 아래 6자리까지 정확한 것에 불과하지만 놀랍기는 마찬가지다. 조충지의 원주율은 962년 후 아라비아 수학자 알 카시가 개선했다. 카시는 코사인 함수의 반각 공식을 이용해 계산을 간소화하며 원주율을 소수점 17자리까지 정확히 계산했다. 독일인 발렌티누스 오토(Valentinus Otho, 1548~1603)가 밀률을 구한 건 조충지보다 1,000여 년 늦은 시점이다.

구의 면적과 대명력

원의 면적보다 구의 면적을 계산하는 공식이 기술적으로 더 복잡하다. 『구장산술』에서는 다음 비례 공식으로 구의 면적을 계산한다.

$$\frac{\text{원기둥 면적}}{\text{내접구 면적}} = \frac{\text{정사각형 면적}}{\text{내접원 면적}}$$

이 공식에 오류가 있음을 알았던 조충지는 역서 『대명력(大明曆)』을 위해 쓴 반박 글에서 다음과 같이 적었다.

"장형은 구에 있는 기존 오류를 고치지 않았는데 이는 심각한 잘못이다. (중략) 나는 여유시간을 이용해 각종 오류를 수정했다."

이로써 구의 면적 공식도 조충지의 업적 중 하나임을 알 수 있다. 그런데 400년 후 당나라 학자 이순풍은 『구장산술』 주해에서 조긍의 '개립원술(開立圓術, 구의 면적을 알고 있는 상태에서 구의 지름을 구하는 방법. —옮긴이)'을 인용했다. 어쨌든 구의 면적 공식은 조씨 부자의 공동연구 성과라고 볼 수 있다.

사실 이 성과는 유휘의 연구 성과를 바탕으로 얻은 것이다. 유휘는 상술한 비례 공식의 오점을 발견하고 '모합방개(牟合方蓋, bicylinder)'라는 새로운 개념을 제시했다. 모합방개란 정육면체에 내접하면서 수직으로 교차하고 반지름이 같은 두 원기둥의 공통부분을 가리킨다. 앞서 말한 비례 공식에서 유휘는 모합방개 면적으로 원기둥의 면적을 대신했다.

$$\frac{\text{모합방개 면적}}{\text{내접구 면적}} = \frac{\text{정사각형 면적}}{\text{내접원 면적}}$$

발상과 방법은 정확했지만 아쉽게도 유휘 자신은 모합방개 면적을 구하지 못했다. 이는 조씨 부자가 완성했는데 두 사람이 구한 구의 면적 공식은 $\frac{4}{3}\pi r^3$이었다. 그러나 이 공식은 고대 그리스 수학자 아르키메데스의 활약으로 이미 기원전 3세기에 탄생한 것이었다.

조충지는 수학뿐 아니라 천문학 분야에서도 눈부신 성과를 거뒀다. 그는 실제 관찰로 하승천(何承天)이 편찬하고 남조의 송 왕조가 받아들인 『원가력(元嘉曆)』에 오류가 많다는 걸 알게 되었다. 예를 들어 동지에 태양이 위치한 수도(宿度, 별의 위치를 도수로 표기한 것)는 실제 관측치보다 3도 차이가 났고 동지와 하지는 하루 차이가 났다. 여기에다 오성(금성, 목성, 수성, 화성, 토성) 출몰 시간에 40일씩이나 차이가 있었다. 그래서 조충지는 새로운 역법인 『대명력』을 만들었고 당시 이것은 가장 정확한 역법이었다.

462년 서른세 살 조충지는 효무제(孝武帝) 유준(劉駿, 재위 453~464)에게 상주해 새로운 역법에 대한 논의의 장을 마련해달라고 요청했다. 하지만 뜻하지 않게 당시 황제가 총애하던 대신 대법흥(戴法興)이 이를 반대하고 나섰다. 대법흥의 세력을 두려워 한 관리들은 대부분 그의 의견에 동조했다. 조충지는 정정당당하게 변론하며 반박 의견서를 작성해 황제에게 올렸다. 의견서에는 "분명한 증거를 듣고 일의 도리와 객관적인 사실을 확인하기 원한다(願聞顯据, 以核理實)", "외부에서 어떻게 논평하든, 어떤 유언비어가 들리든 간에 흔들리거나 두려워하지 않는다(浮辭虛貶, 竊非所懼)"는 그의 명언 두 문장이 들어 있다. 이 변론은 진보와 보수, 과학과 반(反)과학이라는 두 세력 투쟁을 반영하는데, 이는 과학이 진보하는 과정에서 거의 매번 발생하던 일이다.

아쉽게도 이 역법은 온갖 장애물로 인해 선택받지 못하고 반세기가 훌쩍 지나갔다. 그러다가 송 왕조를 이은 제 왕조를 거쳐 양나라 천감(天監) 9년(510년)에 조긍의 단호한 요청으로 실제 천문 현상을 조정하고 검증했다. 그제야 갑자원력(甲子元曆)이라는 이름으로 『대명력』을 정식 시행했는데 그때는 조충지가 세상을 떠난 지 10년이 되는 해였다.

무엇보다 이 역법은 세차(歲差) 개념을 도입했다. 음력으로 19년마다 윤7년이던 것을 391년마다 윤144년으로 바꿔 1년의 오차를 50초로 줄인 것이다. 이보다 더 훌륭한 역법은 송나라 시대에 이르러서야 등장한다.

지남차와 천리선

수학과 천문학 분야의 업적 외에 조충지는 지남차(指南車)와 천리선(千里船)을 비롯해 정교한 기계를 많이 만들었다. 음률에도 정통했던 그는 피타고라스나 아르키메데스처럼 박학다재한 과학자였다. 특정 방향, 즉 남쪽을 가리키는 수레를 뜻하는 지남차는 상당히 유용했을 테지만 조충지가 만든 지남차의 구조는 전해지지 않는다.

동진 말년 남조 송의 개국황제 유유(劉裕, 재위 420~422)가 5호16국 시대 후진(后秦)의 수도 장안을 공격해 얻은 수많은 기물 중에 지남차가 있었는데, "지남이라고 부르지만 대부분 정확하지 않고 구불구불한 길을 갈 때는 사람이 직접 제대로 방향을 잡아야 한다"고 전해진다.

남조 송순제(宋順帝) 유준(劉準, 재위 479) 시절 그를 보좌하던 소도성(蕭道成)은 이렇게 말했다. "조충지에게 옛 법을 고치게 했다. 그가 구리로 만든 기관을 개조하면서 마차가 마음대로 움직였지만 가리키는 방향은 항상 동일했다. 삼국시대 위나라 발명가 마균(馬鈞) 이래 이런 걸작은 없었다."

조충지는 "제갈량이 만든 목우유마가 있어서 기물을 만들었는데 바람이나 물을 쓰지 않아도 장치의 기관들이 스스로 움직여 인력을 쓸 필요가 없었다"고 했다. 그렇지만 자료가 부족해 어떤 기계였는지 상상하기가 어렵다. 다만 조충지가 "천리선을 만들어 신정강(新亭江)에서 시범 운행했는데 하루에 800리를 갔다"는 기록이 있다. 쾌속선인 것은 분명하지만 신정강이 어디인지, 창강의 일부

조충지가 만들었다고 전해지는 천리선

인지 정확히 알 수 없다. 또 "낙유원(乐游苑) 안에 물방아를 만들었는데, 무제(武帝)가 직접 가서 보았다"고도 말했다.

조충지의 업적은 자연과학 분야에만 국한되지 않는다. 그는 음악 이론에도 정통해 음률을 깊이 연구했다. 실제로 "조충지는 당대에 음률을 이해한 유일한 인물이었고 그를 상대할 사람은 아무도 없었다"라는 기록이 담긴 사료도 있다. 뿐만 아니라 조충지는 『역의(易義)』, 『노자의(老子義)』, 『장자의(庄子義)』, 『석론어(釋論語)』 등

철학서도 집필했는데, 아쉽게도 그의 수학서와 마찬가지로 지금은 전해지지 않는다. 그의 『술이기(述異記)』라는 문학 작품은 송나라 시대의 유서(類書, 내용을 사항별로 분류하고 편집한 책.—옮긴이) 『태평어람(太平御覽)』 등 고서적에서 발췌문을 확인할 수 있다.

조충지가 살던 시대에는 주판이 등장하기 전이라 사람들은 계산할 때 산주(算籌)라는 도구를 사용했다. 산주란 대나무, 나무, 철, 옥 등을 재료로 한 사각형이나 납작한 모양의 막대기를 말한다. 계산하는 숫자의 자릿수가 늘어날수록 막대기를 놓는 면적도 넓어져 한 번 계산할 때마다 결과를 기록해야 했는데, 이 방법으로는 직관적인 도형과 식을 얻을 수 없었다. 더구나 착오가 생기면 처음부터 다시 시작해야 했다. 당시 조충지는 심혈을 기울여 반복 계산한 끝에 원주율의 정확한 수치를 얻어냈다.

조긍(祖暅, 456~536)은 아버지의 영향을 받아 어려서부터 수학에 커다란 흥미를 느꼈다. 조충지의 『대명력』은 조긍이 세 번 제안한 내용을 바탕으로 완성한 것이다. 당나라의 수학 교과서로 쓰이고 조선과 일본에도 전해진 조충지의 명저 『철술』은 학자들의 고증으로 일부 항목은 조긍의 작품임이 밝혀졌다. 특히 구의 면적 공식은 조긍의 가장 대표적인 발견이다.

조충지 부자는 수학 분야에서 두 가지 주요 성취를 이뤘으나 아르키메데스가 먼저 구의 면적 공식을 구한 까닭에 원주율 분야 성과에서 더 높은 평가를 받았다. 그러나 무한급수 표시법과 컴퓨터가 등장한 이후 원주율 경쟁은 의미를 상실했다.

3

다리를 만들고
싸움을 할 줄 알았던
진구소

그는 그 민족, 그 시대 나아가 모든 시대를 통틀어
가장 위대한 수학자다

— 조지 사턴

다리를 만들 줄 알았던 기상학자

남송의 대수학자이자 기상학자인 진구소(秦九韶, 1208~1261)는 어려서부터 총명하고 배우기를 좋아했으며 취미가 다양했다. 그는 항저우 린안의 관직에 있던 아버지가 건축을 관장하다가 도서를 관리하는 자리로 옮긴 덕분에 천문역법, 토목공사, 수학, 시사 등을 다양하게 배울 기회를 얻었다.

벼슬살이를 위해 부모님 곁을 떠났다가 1238년 아버지 사망 소식을 듣고 린안으로 돌아온 진구소는 강에 다리가 없어 양쪽 기슭 주민들이 왕래에 불편을 겪고 있음을 발견했다. 그때 진구소는 직접 설계하고 부고(府庫, 관청의 문서와 재물을 두는 곳집.─옮긴이)에서 자금을 얻어 서계(西溪)강에 다리를 만들었다.

다 지은 후에도 이름이 없던 이 다리는 서계강에 지었다고 해서 '서계교'라고 불렸다. 그러다가 원나라 초기에 이르러서야 또 다른 대수학자 주세걸이 서계교를 '도고교(道古橋)'로 개명할 것을 제안했다. 도고는 진구소의 자(字)로, 도고교라는 이름으로 자신이

공경하는 선배 수학자 진구소를 기념하고자 한 주세걸은 다리 어귀에 직접 이름을 새겨 넣었다.

도고교는 뉴밀레니엄 시대까지 존재하다가 서계로를 확장하면서 사라졌다. 2005년 서계강 지류에 산천을 따라 사람들이 다닐 수 있는 돌다리를 세웠는데 이것은 도고교의 본래 위치에서 서쪽으로 100미터 정도 떨어져 있다. 직접 가서 살펴보니 강을 가로질러 놓인 다리가 버드나무와 어우러져 무척 아름다웠는데 아직 이름이 없는 상태였다. 나는 문득 옛 생각이 떠올라 그 다리를 예전처럼 도고교라 부르자고 제안했고 항저우시 정부의 비준까지 받았다. 비를 세울 때 나는 직접 석재를 골라 비문 초고를 썼고 수학자 왕원(王元) 선생에게 다리 이름을 써달라고 부탁했다. 다만 진구소의 초상이 없는 게 아쉬울 따름이다.

나중에야 나는 난징 현무호 남쪽 계명산 정상에 있는 북극각 기상박물관에 과거 유명 기상학자들의 조각이 있는데, 그중에 진구소의 조각도 있다는 걸 알게 되었다. 날을 잡아 박물관을 방문한 나는 현대 조각가 우웨이산(吳爲山)이 만든 진구소의 조각을 볼 수 있었다. 비문에는 이렇게 적혀 있었다.

"그는 평지득우지수(平地得雨之數, 단위 면적 내 강우량)로 강우량을 측정했는데 이는 세계 최초로 강우량과 적설량 측정에 과학적 근거를 제공한 것이다."

싸움을 할 줄 알았던 수학자

진구소는 1232년 진사에 합격한 뒤 쓰촨성, 후베이성, 안후이성, 장쑤성, 장시성, 광둥성 등지에서 관리로 일했다. 1236년 원나라 군대가 쓰촨을 공격해 자링강(嘉陵江) 유역에 전란이 빈번했다. 당시 고향 쓰촨성에서 벼슬살이를 하던 진구소는 자주 군사 활동에 참여할 수밖에 없었다. 진구소는 『수서구장(數書九章)』 서문에 다음과 같이 적었다.

"그때 원나라 군대가 쳐들어왔다. 오랫동안 길이 막혀 전란 속에 있을 수밖에 없었다. 갖은 고생을 맛보고 숱한 어려움을 겪으며 그렇게 10년이란 세월을 보냈다. 그동안 기력은 약해지고 마음은 피폐해졌다."

이는 그 무렵 불안했던 삶의 단편을 여실히 보여준다. 이후 고향을 떠난 그는 후베이성 치춘현 지방관과 화주(和州, 지금의 안후이성 허현) 태수를 지냈다.

1244년 젠캉부(建康府, 오늘날 난징) 지방관으로 재직하는 동안 진구소는 모친상을 당해 관직에서 물러나 저장성 후저우로 돌아와 상을 치렀다. 이 삼년상 기간에 진구소는 수학 연구에 매진해 20여 만 자로 된 『수서구장』을 완성했다. 덕분에 유명세를 얻은 그는 천문역법 방면에서 거둔 풍부한 지식과 성과까지 더해져 송이종(宋理宗) 조윤(趙昀, 재위 1224~1264)의 부름을 받았다.

『수서구장』은 9장 9류(類)로 나뉘는데 진구소는 2권 천시류(天時類)에서 역법과 강우·적설량 계산법을 제시했다. 수학 측면에서 가장 가치 있는 부분은 1권 대연술(大衍術)과 9권 정부개방술(正負開方術)이다. 정부개방술은 일명 '진구소 산법'으로 일반 n차 대수 방정식과 관련된 해법이다. 방정식 이론은 고대 수학의 중심 과제였으나 송나라 이전 학자들은 계수가 자연수인 방정식밖에 풀 수 없었다. 11세기 북송 수학자 유익(劉益)은 자연수의 제한을 없앴지만 방법이 완전하거나 체계적이지 않았다.

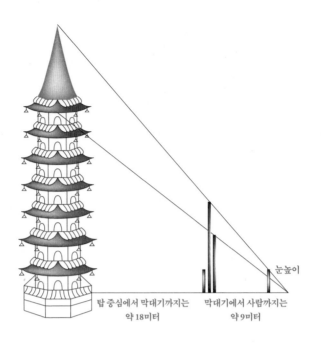

탑 중심에서 막대기까지는
약 18미터

막대기에서 사람까지는
약 9미터

눈높이

『수서구장』삽화, 후저우 비영탑으로 추정

진구소 이전에는 이런 방정식을 풀려면 $n(n+1)/2$차 곱셈을 해야 했다. 진구소는 이것을 1차 방정식 n개로 바꿨고 이제 n차 곱셈만 하면 되었다. 또한 그는 10차 방정식 21개를 예시로 들기도 했다. 유럽에서는 이 방법을 19세기 초에야 영국 수학자 윌리엄 호너(William George Horner, 1786~1837)가 발견했지만 결국 이것은 호너법(Horner's method)이 되고 말았다. 컴퓨터 시대인 오늘날에도 진구소(호너)의 방법은 여전히 중요한 의미를 지닌다.

이 밖에 진구소는 삼사구적술(三斜求積術)을 제시했는데 이것은 잘 알려진 헤론의 공식(Heron's formula, 이미 알고 있는 세 변의 길이를 이용해 삼각형 면적을 구하는 공식)과 등가 형식이다.

『수서구장』에는 삽화와 함께 그림 속 보탑 꼭대기의 높이를 계산하는 내용이 나온다. 해당 높이는 관찰 각도 조절과 탄젠트 함수 응용으로 구할 수 있다. 이 보탑은 현재 후저우 성내에 있는 비영탑과 흡사한데 이것은 12세기 전후로 철거되었다가 1230년 재건한 것으로 마침 진구소가 살던 후저우에 위치하고 있다.

중국인의 나머지 정리

대연술은 중국 고대 수학자가 제시한 가장 유명한 정리다. 4~5세기에 만들어진 『손자산경』에는 물부지수 문제가 나온다.

지금 어떤 물건이 있는데 그 수량은 모른다. 이것을 3개씩 세면 2개가 남고 5개씩 세면 3개가 남으며 7개씩 세면 2개가 남는다. 이 물건은 총 몇 개인가?
정답은 23개다.

손자는 특수한 예를 하나 제시한 것뿐이다. 그런데 장쑤성 화이안 지역 민간 전설인 다음 이야기는 기원전 2~3세기까지 거슬러

올라간다. 그 내용은 서한 시대 명장 한신(韓信)이 이 방법으로 병사를 점호해 사기를 끌어올렸다는 것이다.

진(秦)나라 말 초나라와 한나라가 서로 싸웠다. 한번은 한신이 군대를 이끌고 초나라 군대와 교전을 벌였다. 한바탕 고전을 치른 한나라 군대는 사상자가 수백 명에 이르자 병마를 정돈하고 본진으로 돌아가기로 했다. 산비탈을 지나는데 갑자기 초나라 기마병이 추격해오고 있다는 전갈이 왔다. 저 멀리 먼지가 날리는 게 보이고 떠나갈 듯한 병사들의 함성도 들렸다. 그때 한나라 군대는 이미 지칠 대로 지친 상태였다. 한신은 병사들에게 3명이 한 줄에 서도록 명령했고 그 결과 2명이 남았다. 이어 5명이 한 줄에 서게 했는데 이번에는 3명이 남았다. 다시 7명이 한 줄에 서게 하니 또 2명이 남았다. 한신은 그 자리에서 선포했다.

"우리 병사는 1,073명이고 적은 500명도 채 되지 않는다."

그 말에 사기가 오른 병사들은 초나라 군대를 단숨에 격파했다.

대연술을 현대 수학 언어로 설명하면 다음과 같다.

서로소이고 1보다 큰 자연수 $m_i(1 \leq i \leq k)$가 k 개 있으며 이것의 곱을 M이라 하자. 또 임의의 k 개 정수 a_i에 대해 M을 초과하지 않는 유일한 자연수 x가 존재하고, x를 각각의 m_i로 나눠 얻은 나머지를 순서대로 a_i라고 하자. 진구소는 해를 구하는 과정을 보여주며 유클리드 호제법과 대연구일술을 제시했다. 대연구일술이란

a와 m이 서로소인 자연수를 가정하고 m이 1보다 크면 유일한 자연수 x (m을 초과하지 않는다)를 구할 수 있으며, ax를 m으로 나눈 나머지가 1이 된다는 것이다.

1801년 독일 수학자 가우스는 자신의 저서 『산술연구』에서 위와 같은 결과를 도출했는데 그는 자신보다 앞서 중국 수학자가 이를 해냈다는 사실을 알지 못했다. 1852년 영국 선교사 알렉산더 와일리(Alexander Wylie, 청나라 수학자 이선란(李善蘭)과 함께 유클리드『기하학원론』중국어 번역본을 완성했다)는 진구소의 성과를 번역해 유럽에 소개했고 다시 독일어와 프랑스어로 빠르게 번역이 이뤄지면서 광범위하게 주목을 받았다. 누가, 언제 '중국인의 나머지 정리'라는 이름을 붙였는지 알 수 없지만 대략 1929년 이전으로 추정하고 있다.

'중국인의 나머지 정리'는 중국인이 발견해 세계적으로 영향을 미친 정리이자 모든 기초 수론 교과서에 빠지지 않는 내용이다. 이것은 추상대수학까지 확대되었고 암호학, 괴델(Kurt Gödel)의 불완전성 정리 증명, 고속 푸리에 변환(Fast Fourier Transform, FFT) 등 여러 분야에서 응용했다.

독일 수학사가 모리츠 칸토어(Moritz Cantor)는 진구소를 두고 "가장 운이 좋은 천재"라고 말했다. '과학사의 아버지'로 불리는 미국 과학사학자 조지 사턴(George Sarton)은 진구소를 "그 민족, 그 시대 나아가 모든 시대를 통틀어 가장 위대한 수학자"라고 평가했다.

글을 마무리하며 진구소가 『수서구장』에 적은 작가 서문을 이야기해보고자 한다. 그는 서문 첫머리에 주나라 시대부터 수학이 '육례(六藝)' 중 하나에 속했고, 학자와 관리들이 예로부터 수학을 중시하고 숭상했다고 적었다. 넓게는 자연을 인식하고 인생을 이해할 수 있는 것, 좁게는 사무를 경영하고 만물을 분류할 수 있는 것이 바로 수학이었다. 진구소는 세상 만물이 수학과 관련이 있다고 믿었는데, 이는 피타고라스 학파의 관점과 일치한다.

진구소는 바로 이런 점 때문에 학자와 유능한 사람들에게 가르침을 청하고, 수학의 깊고 오묘한 비밀을 탐구했던 것이다. "나는 청소년 시절에 아버지를 따라 수도 린안에 갔다. 그곳에서 국립천문대의 역산가(曆算家)를 만날 기회가 있어서 그분들께 역산을 배웠다. 이 밖에도 나는 은둔 학자에게 수학을 배웠다." 이후 원나라 군대가 쓰촨을 공격했을 때 진구소는 고향으로 돌아와 관리가 되었는데, 전란 통에 먼 길을 고생스럽게 가야할 때도 있었지만 수학을 연구하는 일만큼은 잊지 않았다.

뿐만 아니라 진구소는 수학자의 지위와 역할이 사람들에게 인정받지 못하는 점을 개탄했다. 그는 수학이라는 학문이 멸시 받고 수학자들이 도구로만 사용되는 것은, 악기를 만드는 사람이 악기의 소리를 만들어내는 것밖에 할 수 없는 것과 같다고 여겼다. "나는 원래 수학을 도(道)의 경지까지 끌어올리고 싶었지만, 그건 정말 힘든 일이었다." 진구소는 이처럼 나름의 사상과 품위를 지닌 사람이었다.

4

나폴레옹과
그가 아낀 수학자

몽주는 연인을 사랑하듯 나를 사랑했다.

— 나폴레옹 보나파르트

나폴레옹 보나파르트

1769년 프랑스의 젊은 두 수학자, 서른세 살 조제프 루이 라그랑주(Joseph-Louis Lagrange, 1736~1813)는 프로이센 과학원에서 수학 · 물리학부 주임을 맡았고, 스무 살 피에르 시몽 드 라플라스(Pierre-Simon de Laplace, 1749~1827)는 파리군사학교 수학 교수가 되어 승승장구하고 있었다. 이때 미래에 이들의 학생이자 친구, 집정관이 될 나폴레옹 보나파르트(Napoléon Bonaparte, 1769~1821)가 코르시카섬에서 태어났다. 불과 1년 전만 해도 이 섬은 이탈리아반도의 제노바에 속해 있었다. 만약 이 섬의 거래가 몇 년 늦춰졌다면 유럽 역사는 다시 써야 했을지도 모른다.

성년이 된 나폴레옹은 자신을 제노바인으로 강하게 인식했기에 이탈리아 영토 확장에 힘썼고 자신의 아버지처럼 프랑스에 저항하는 지하조직에 참가했다. 나폴레옹 가문은 원래 피렌체가 수도인 토스카나공국의 귀족이었다. 그런데 코르시카 저항조직은 얼마 지나지 않아 지도자가 해외로 망명해버렸다. 변호사이던 아버지 보나파르트는 아들의 교육과 장래를 위해 어쩔 수 없이 새로운 주인에게 무릎을 꿇었다.

어린 나폴레옹은 군사학교 예과반에 들어간 뒤 여러 번 학교를 옮겼고 최종적으로 파리군사학교에서 포병학을 전공했다. 그는 이 학교에서 뛰어난 수학 재능을 발휘해 대수학자 라플라스와 교류하기도 했다. 졸업 후 포병 소위가 된 나폴레옹은 코르시카로 돌아와 2년 동안 지냈다. 그 뒤로도 여러 차례 고향으로 돌아갔다. 만약 그럴 필요가 있었다면 그는 코르시카 독립을 도왔을지도 모르지만 프랑스 대혁명 열기가 점차 고조되면서 나폴레옹은 파리에 더 매료되었다. 볼테르(Voltaire)와 루소(Jean-Jacques Rousseau) 작품의 애독자였던 나폴레옹은 프랑스에 정치 변혁이 필요하다고 믿었다. 하지만 1789년 7월 14일 파리 군중이 바스티유를 습격했을 당시 그는 다른 지역에 있었다.

1793년 1월 프랑스 국왕 루이 16세(Louis XVI, 재위 1774~1792)가 단두대의 이슬로 사라졌고 그다음 해 겨울 프랑스 남부의 항구도시 툴롱에서 나폴레옹은 포병을 이끌고 영국군을 격파했다. 이 전쟁으로 이름을 알리며 그는 준장으로 진급했다. 1795년 왕당파는 파리에서 정권 탈환을 시도했지만 나폴레옹은 그들의 음모를 저지했다. 이로써 스물여섯 살 코르시카인 나폴레옹은 프랑스 대혁명의 구세주이자 영웅으로 떠올랐다.

같은 해인 1795년 국민공회는 파리대학교의 문을 닫았고 새로 설립한 에콜폴리테크니크와 그보다 1년 앞서 설립한 에콜노르말

1803년 주조한 금화, 제1집정관의 두상이 새겨져 있다.

쉬페리외르(고등사범학교)가 그 자리를 대신했다. 두 학교의 본래 취지는 각각 엔지니어와 교사 양성이었지만 둘 다 수학을 매우 중요하게 여겼다. 에콜폴리테크니크 개교 업무를 맡은 수학자 콩도르세(Nicolas de Condorcet, 1743~1794)는 유명한 프랑스 수학자 라그랑주, 라플라스, 몽주를 초청했다.

같은 시기 나폴레옹은 각지에서 수많은 전투를 치르며 이탈리아, 몰타, 이집트에 자신의 족적을 남겼다. 귀국한 나폴레옹은 이집트에서 로마로 돌아온 율리우스 카이사르(Julius Caesar)처럼 군정 대권을 독차지했다. 18세기 마지막 크리스마스에 프랑스는 새 헌법을 공포했고 나폴레옹은 제1집정관으로서 무한 권력을 소유했다. 중앙정부의 각부 장관, 장군, 지방장관, 참의원을 임명할 권한을 쥔 그는 수학자 친구들을 속속 불러들였다.

야심만만했던 나폴레옹은 재능과 지혜가 있는 사람들에게 마음을 쏟았다. 하지만 전쟁은 여전히 진행 중이었고 영토 확장 전쟁은 막 시작 단계였다. 제1집정관 입장에서 정권을 공고히 하고 제국의 위업을 완성하려면 군대를 세심하게 정비해야 했다. 결국 에콜폴리테크니크는 군사화해 포병 장교와 엔지니어 양성에 주력했고, 교수들은 역학 문제를 연구하고 포탄과 살상력이 강한 무기를 개발하도록 격려 받았다.

일찍이 쌓아둔 수학적 기초 위에 수학자들과의 교류가 더해져 나폴레옹은 그들에게 이런 기하문제를 제시할 정도로 능력과 용기를 갖췄다.

"자를 쓰지 않고 컴퍼스만 이용해 어떻게 원을 4등분할 수 있을까?"

이는 유클리드 작도법에서 눈금이 없는 자를 없앤 것이나 마찬가지였다. 이 난제는 이후 전쟁으로 어려움을 겪은 이탈리아 수학자 겸 시인 로렌초 마스케로니(Lorenzo Mascheroni, 1750~1800)가 해결했는데 구체적인 작도법은 다음과 같다.

원O에서 임의의 점 A를 취한다. A를 기점으로 원을 6등분하고 분점을 순서대로 A, B, C, D, E, F(아래 그림 참조)라고 한다. A와 D를 각각 원심으로 하고 AC 또는 BD 길이를 반지름으로 하는 두 원을 그리면 G점에서 서로 만난다. 다시 A를 원심으로 하고 OG 길이를 반지름으로 하는 원을 그릴 경우 원O 위의 점 M, N과 만난다. A, M, D, N이 원O의 원주를 4등분할 수 있다. 피타고라스 정리에 따라 $AG^2=AC^2=(2r)^2-r^2=3r^2,\ AM^2=OG^2=AG^2-r^2=2r^2,\ AM=\sqrt{2}r$ 이 되기 때문에 $AO \perp MO$이다.

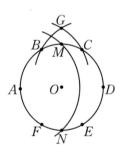

원을 4등분하는 문제의 해답

우뚝 솟은 피라미드

먼저 라그랑주 이야기를 해보자. 그는 스위스인 오일러와 함께 18세기를 대표하는 위대한 수학자로 평가받는다. 라그랑주는 이탈리아 서북부 토리노에서 태어났는데 이곳은 프랑스와 가까워 16세기에 프랑스에 점령당했지만 라그랑주가 살던 시대에는 사르데냐 왕국의 수도였다.

라그랑주는 프랑스—이탈리아 혼혈로 프랑스 혈통 쪽에 더 가까웠다. 그의 조부는 프랑스 기병대 대장으로 사르데냐 국왕을 위해 일했고 이후 토리노에 정착해서 현지 명문 귀족과 혼인 관계를 맺었다. 사르데냐 왕국의 육군성 재무관리인으로 일한 라그랑주의 아버지는 정작 자신의 재산은 별로 관리하지 않았다. 라그랑주는 이것이 자신에게 일어난 일 중 가장 운 좋은 일이라고 여겼다.

"만약 내가 거액의 재산을 물려받았다면 수학을 동반자로 삼지 않았을지도 모른다."

처음에 라그랑주는 고전 문학에 관심을 보였으나 어느 날 영국 천문학자 핼리(Edmond Halley, 핼리 혜성 발견자)가 쓴 미적분 관련 글을 읽고 이 새로운 학과에 매료되었다. 그는 아주 짧은 시간 안에 독학으로 당시 모든 분석 지식을 습득했다. 스무 살도 채 되지 않아 라그랑주는 토리노 황실 포병학교 수학 교수가 되었고 스물다섯 살에 이미 세계에서 가장 위대한 수학자 반열에 올랐다.

우리가 잘 알고 있는 수학기호 중 함수 $f(x)$의 도함수 기호 $f'(x)$

조제프 루이 라그랑주

는 라그랑주가 도입한 것이다. 그는 자신의 이름을 따서 명명한 라그랑주 평균값 정리(Lagrange's mean value theorem, MVT)를 발견하기도 했다. 19세기 아일랜드 수학자 윌리엄 해밀턴(Sir William Rowan Hamilton, 1805~1865)이 '과학의 시'라며 찬사를 보낸 『해석역학 (Mécanique Analytique)』(1788)에서 라그랑주는 후세 사람들에게 라그랑주 방정식이라 불리는 것을 포함해 동력 시스템에 관한 일반 방정식을 세웠다. 천체역학에서 뉴턴의 만유인력 법칙이 지닌 중요성만큼 이 저서도 일반역학에서 상당히 중요하다.

라그랑주는 자신보다 나이가 서른 살 정도 많은 경쟁 상대 오일러의 아낌없는 칭찬과 보살핌을 받았는데 이는 수학사에 미담으로 전해진다. 오일러와 마찬가지로 라그랑주는 연구, 분석, 응용하는 시간 외에는 신비하고 재미있는 수론 난제를 해결하는 데 빠져있었다. 예를 들어 그는 임의의 자연수 하나로 정수 4개의 합을 표시하는 것을 포함해 프랑스 수학자 페르마의 두 가지 중요한 가설을 증명했다. 합동이론과 군론(群論, Group Theory)에도 라그랑주 정리가 존재한다.

라그랑주가 성과를 거두자 사르데냐 국왕은 그가 파리와 런던에서 유학하는 비용을 대주었다. 하지만 라그랑주는 파리에서 큰 병을 얻었고 몸이 좀 호전되자 서둘러 토리노로 돌아왔다. 얼마 후 그는 프로이센 국왕 프리드리히 대제(Friedrich der Große, 재위 1740~1786)의 요청을 받아들여 베를린의 프로이센 과학원에서 프리드리히 대제가 사망할 때까지 20년간 재직했다. 루이 16세가 그를 다시 파리로 초청했을 때는 이미 라그랑주의 관심사가 인문과학, 의학, 식물학으로 바뀐 뒤였다.

프랑스 대혁명 물결이 파리를 휩쓸 때가 되어서야 라그랑주의 수학 두뇌가 다시 깨어나기 시작했다. 그는 에콜노르말쉬페리외르 교수로 임명되었고 이후 에콜폴리테크니크 최초의 교수가 되어 나폴레옹 휘하 공병들에게 수학을 가르쳤는데 그중에는 미래의 수학자 오귀스탱 루이 코시(Augustin-Louis Cauchy, 1789~1857)도 있었다. 전쟁을 쉬는 동안 파리로 돌아온 나폴레옹은 자주 라그랑주

를 찾아가 수학과 철학을 논했고 그에게 상원의원 자리와 백작 작
위를 하사했다.

"라그랑주는 수학과 과학 세계에 우뚝 솟은 피라미드다."

이 말은 이집트를 정복한 나폴레옹이 라그랑주에게 보낸 찬사
였다.

프랑스의 뉴턴

말년에 라그랑주는 질투 섞인 말투로 뉴턴 이야기를 했다. "그
에게 천부적 재능이 있다는 건 틀림없는 사실이다. 그렇지만 우리
는 그가 가장 운 좋은 사람이기도 하다는 것을 알아야 한다. 세계
체계를 세울 기회는 오직 한 번뿐이기 때문이다."

라플라스는 라그랑주에 비해 불행한 편이었다. 그는 뉴턴처럼
성과를 거둘 수 없었다. 더구나 학술 생애도 두 세기에 걸쳐 있어,
18세기에는 오일러와 라그랑주, 19세기에는 가우스가 있었기 때
문에 각 세기를 대표하는 가장 위대한 수학자 또는 과학자라는 명
예가 라플라스에게는 주어지지 않았다.

그럼에도 라플라스는 눈부신 인생을 살았다. 이는 그에게 나폴
레옹 같은 학생이 있었다는 사실과 무관하지 않다. 라플라스의 부
모는 농민이었고 그는 시골 학교에서 공부할 때 토론 능력과 기억
력을 포함해 다방면에서 재능을 드러냈다. 이웃들이 그를 살뜰히

보살펴주고 추천서를 써준 덕분에 열여덟 살 라플라스는 파리에 갈 기회를 얻었다. 그 후 그는 스스로 부단히 노력하고『백과전서(Encyclopédie)』의 부편집장이자 당시 명성이 자자했던 수학자 달랑베르의 추천을 받아 파리군사학교 교수가 되었다.

라플라스는 라그랑주보다 순수수학 분야에 그다지 많은 공을 들이지 않았지만 적지 않은 성과를 거두었다. 고등대수학의 행렬식 계산 중 어떤 행(열)에서 전개하는 라플라스 정리에 따르면 임의로 k행(열)을 선정했을 때 이 k행(열) 원소로 이뤄진 모든 k소행(열)식과 그 대수학 여인수 곱의 합은 행렬식의 값과 같다. 미분 방정식에도 라플라스 변환과 라플라스 방정식이 있다.

라플라스가 가장 자랑스럽게 여기는 것은 5권으로 이뤄진『천체역학(Traité de mécanique céleste)』(1798~1825)으로 이는 그에게 '프랑스의 뉴턴'이라는 미명을 안겨주었다. 그는 스물네 살부터 뉴턴의 만유인력설을 태양계 전체에 응용했고, 토성 궤도가 끊임없이 팽창하고 목성 궤도가 끊임없이 수축하는 원인 같은 특별히 어려운 문제를 탐구했다. 또 행성 궤도 이심률과 경사각이 작고 항상 일정하게 유지되는 이유를 증명했으며 달의 가속도가 지구 궤도 이심률과 관련이 있다는 것을 발견하기도 했다.

과학계의 두 거인 라플라스와 라그랑주 평가는 후세 수학자들이 반드시 직면해야 하는 문제였다. 19세기 프랑스 수학자 시메옹 드니 푸아송(Siméon Denis Poisson, 1781~1840)은 다음과 같이 적었다.

"라그랑주는 그가 탐구한 문제에서 수학만 보고 수학을 문제의 근원으로 여겼다. 그는 수학의 우아한 아름다움과 보편성에 관심이 많았다. 반면 라플라스는 수학을 도구로 삼아 특수한 문제가 등장할 때마다 이 도구를 교묘하게 수정해 해당 문제에 적용했다."

라그랑주와 라플라스는 각각 순수수학과 응용수학 분야의 거인이라 할 수 있다.

대인관계와 인격에서도 두 사람은 극명한 차이를 보였다. 프랑스 수학자이며 물리학자인 푸리에(Jean-Baptiste Joseph Fourier, 1768~1830)는 라그랑주를 이렇게 평가했다.

"그는 명예와 이익에 욕심이 없었다. 고상하고 소박한 행동거지, 숭고한 인품, 정확하고 깊이 있는 과학 저서는 그가 인류의 보편적 이익에 시종일관 깊은 감정을 품고 있었음을 증명한다."

반면 라플라스는 권세와 재물에 빌붙는 인간으로 여겨졌다. 미국 수학자 E. T. 벨(Eric Temple Bell, 1883~1960)은 라플라스를 호되게 평가했다.

"그는 명리를 탐내고 정치적 입장이 왔다 갔다 한다. 대중에게 존중받고 끊임없이 변화하는 관심의 초점에 서기 위해 자신을 내세웠다."

그러나 라플라스에게 겸손한 면도 있었다. 그는 죽기 전에 다음과 같은 유언을 남겼다.

"우리가 아는 것은 적고 모르는 것은 무한하다."

이런 이유로 그의 학생이던 나폴레옹이 "곳곳에서 미세한 차이

를 찾아" 무한소 정신을 행정업무에 끌어들이려 했다며 그를 비난
하는 동시에 레지옹 도뇌르 그랑크루아 훈장을 수여하고 그를 경
도국 국장에 임명한 데 이어 내무부 장관 자리에도 앉혔던 것이다.

황제의 절친한 친구

세상에 널리 전해지는 이야기가 하나 있다. 황제가 된 나폴레옹
은 『천체역학』을 다 읽고 라플라스에게 물었다.

"그대가 쓴 책에는 어째서 신을 언급한 내용이 없는가?"

라플라스가 대답했다.

"폐하, 제게는 그 전제가 필요하지 않습니다."

라플라스가 신을 버린 것은 뉴턴보다 우위에 서고 싶었기 때문
인지도 모른다. 뉴턴은 신의 존재와 제1원동자에 기댈 수밖에 없
었고 라플라스가 고려한 천체는 뉴턴의 태양계 범위보다 훨씬 더
광범위했다.

라플라스와 라그랑주 그리고 나폴레옹은 위대한 과학자와 개
명군주(開明君主)의 관계라고 볼 수 있다. 기껏해야 군신 관계에 지
나지 않는다는 얘기다. 그런데 가스파르 몽주는 달랐다. 그는 라플
라스보다 세 살이 많았지만 개인 경험과 개방적인 성격 덕분에 젊
은 나폴레옹과 가까운 친구처럼 지냈다. 나폴레옹은 "몽주는 연인
을 사랑하듯 나를 사랑했다"라고 말하기도 했다.

몽주는 프랑스 부르고뉴의 본에서 태어났다. 그의 아버지는 소상인이자 칼갈이로 아들의 교육을 중요하게 여겨 몽주가 체육과 수공예를 포함해 모든 학업 성적을 잘 받도록 뒷받침했다. 몽주는 열네 살 때 설계도 없이 소방용 소화기를 고안했다. 2년 후에는 혼자 초대형 고향 지도를 그렸고 누군가의 추천으로 리옹에 있는 미션 스쿨에서 물리학을 가르치기도 했다.

어느 날 몽주는 리옹에서 고향으로 돌아오는 길에 그가 그린 지도를 본 적 있는 군관을 우연히 만났다. 그 군관은 그에게 북부 도시 샤를빌메지에르에 있는 황실공병학교 교관 자리를 소개해주었다. 측량과 제도(製圖)가 일상 업무였던 몽주는 도형기하학, 다시 말해 평면에 3차원 입체도형을 그리는 방법을 생각해냈다. 이것은 오늘날 공사, 기계, 건축도화에 매우 중요한 수단이 되었다.

1768년 스물두 살 몽주는 황실공병학교 수학 교수로 임명되었고 이후 물리학 교수를 겸임했다. 1783년 몽주는 파리에 가서 프랑스 해군장교 후보생의 주임 시험관을 맡았는데 이 시기 그는 자신의 학술 생애에서 발견한 수학적 성과의 대부분을 완성했다. 파리에 간 몽주는 권력 투쟁에 휘말리기도 했다. 프랑스 대혁명이 발발하면서 그는 자신의 의지와 상관없이 충돌에 휩쓸렸고 신정부의 해군 장관 직을 맡기도 했다. 그러다가 파리에서 도망친 몽주는 집정관이던 나폴레옹의 서신을 받았다.

편지 첫머리에 나폴레옹은 포병장교 시절 당시 프랑스 해군 장관이던 몽주의 따뜻한 접견을 받은 기억을 언급했고 이어 몽주가 얼마 전 끝마친 이탈리아 출장에 고마운 마음을 전했다. 나폴레옹의 명으로 이탈리아에 파견된 몽주는 전쟁 배상으로 나폴레옹에게 바칠 그림, 조각, 기타 예술 작품을 만들 이탈리아인을 선정하는 일을 맡았던 것이다. 다행히 일을 관대하게 처리한 몽주는 나폴레옹을 위해 적국에서 진귀한 물건을 많이 확보했다. 그 일을 계기로 몽주와 나폴레옹은 오랫동안 친밀한 관계를 유지했다. 나폴레옹이 황제가 된 이후에도 몽주는 나폴레옹 앞에서 진실을 말하고 심지어 그에게 말대꾸를 할 수 있는 유일한 사람이었다.

몽주는 에콜폴리테크니크 초대 총장직을 맡았고 1798년 나폴레옹이 직접 대군을 이끌고 이집트로 원정을 떠날 때도 동행했다. 지중해를 항해하는 동안 나폴레옹은 기함에서 매일 아침 몽주를 비롯한 여러 사람과 함께 중대한 화제(지구의 나이, 세계가 홍수로 멸망할 가능성, 행성에 사람이 살 수 있는지 등)를 논의했다고 전해진다. 카이로에 도착한 몽주는 프랑스 학사원을 모델로 한 이집트 학술원 설립에 기여했다.

몽주는 도형기하학뿐 아니라 미분기하의 선구자이기도 하다. 미분기하는 미적분을 이용해 곡선과 곡면 성질을 연구한 기하학이다. 곡면과 곡선의 각종 성질을 미분 방정식으로 나타내는 것이 특징이라 미분기하라 불린다. 1807년 몽주는 최초의 미분기하 저서 『기하학에의 해석학 응용(Application d'analyse à la géométrie)』을 펴냈다. 그는 가전면(developable surface, 직선이 운동할 때 생기는 곡면.—옮긴이)의 일반 표시법을 제시하고 평면에 수직인 원통 외에 이들 곡면이 항상 몽주 방정식을 충족한다는 것을 증명했다.

몽주는 에콜폴리테크니크 총장일 때 자주 강의를 했는데 하루는 수업 중에 교묘한 기하 정리 하나를 발견했다. 알다시피 사면체(피라미드 등)에는 면이 4개, 변이 6개 있으며 각 변은 나머지 5개 변중 한 변하고만 교차하지 않고 서로 대변한다. 몽주 정리란 사면체 각 변의 중점을 통과하고 그 대변에 수직인 평면(총 6개)은 반드시 한 점에서 만난다는 것이다. 이 점과 6개 평면을 각각 '몽주 점', '몽주 평면'이라고 부른다.

파리에는 몽주 거리, 몽주 광장(같은 이름의 지하철역도 있다), 몽주 카페도 있다. 이곳은 전부 파리 5구에 있는데 공교롭게도 라그랑주 거리와 라플라스 거리도 파리 5구에 있다. 파리에는 수학자의 이름을 따서 명명한 거리와 광장이 100여 곳에 이른다. 책에서 언급한 수학자들이 모두 여기에 해당하며 이는 세계적으로 극히 드문 일이다. 이것이 수학자와 인연이 깊은 나폴레옹 보나파르트와 관련이 있는지는 정확히 알 수 없다.

5

황제, 어제 그리고
수학의 대가

만약 배의 돛대 꼭대기에 횃불을 타오르게 하면 배가 해안을 벗어났을 때
해안에 있던 사람들은 불빛이 점차 약해지다가 사라지는 것을 볼 것이다.

— 코페르니쿠스

유클리드와 아르키메데스

일반적으로 수학자는 정치에 별로 관심이 없고 예술가처럼 말썽을 일으키지도 않는다. 보들레르(Charles Baudelaire)는 말년에 이 점을 깨달은 듯하다. 19세기 프랑스에서 현대성의 상징이자 상징파 시인의 선구자로 이름을 떨친 이 사람은 평생 보헤미안처럼 방랑 생활을 해서 그런지 만년에 매우 처량했다. 그런 보들레르가 17세기 프랑스 수학자 파스칼(Blaise Pascal, 1623~1662)의 말을 인용한 적이 있다.

"재난이 발생하는 원인은 대부분 우리가 얌전히 집에 들어앉아 있지 않아서다."

수학자의 이런 점 때문에 많은 정치인이 수학자와 교류하길 원하고 심지어 수학문제에 매료되기도 한다. 유클리드는 고대 그리스 기하학을 집대성한 사람으로 널리 알려져 있다. 그런데 그가 태어난 곳과 살았던 정확한 연대는 지금까지 풀리지 않는 수수께끼로 남아 있다. 우리는 유클리드가 아테네의 플라톤 아카데메이아에서 공부한 후 이집트 국왕 프톨레마이오스 1세(Ptolemaîos Sôtér, 재위 305~285BC)의 초빙을 받아 알렉산드리아대학교 수학과에서 학생들을 가르쳤다는 것, 그곳에 어마어마한 양의 장서를 보유한 도서관이 있어서 수학사에 가장 유명한 저서인 『기하학 원론』을 완성했다는 것만 알고 있을 뿐이다.

무엇보다 이 저서는 현대과학을 낳은 중요한 요소다. 여기에다 연역추리 구성의 훌륭한 본보기로 철학자들에게도 시사하는 바가 많았다. 유클리드의 개인 성품은 두 가지 이야기로 어느 정도 엿볼 수 있다. 한 학생이 유클리드에게 기하학을 공부하면 어떤 보상을 얻는지 물었다. 그러자 유클리드는 노예를 시켜 그 학생에게 동전 1개를 주더니 옆에 있는 사람에게 "저 학생은 배움에서 좋은 점을 얻는 걸 항상 생각하기 때문이다"라고 말했다. 국왕 프톨레마이오스 1세가 유클리드에게 기하학을 배우는 지름길을 물었을 때 그의 대답은 역시나 객관적이었다.

"기하학에는 왕도가 없습니다."

프톨레마이오스 1세는 마케도니아 사람으로 한때 알렉산드로스 대왕(Aléxandros III, 재위 336~323BC) 휘하의 장군이었다. 그는 알렉산드로스 대왕이 세상을 떠난 뒤 알렉산드리아를 수도로 프톨레마이오스 왕조를 열었다. 이 왕조의 마지막 황제는 이집트 여왕 클레오파트라와 로마 통치자 율리우스 카이사르의 아들이다. 참고로 이 황족은 2세기에 천동설(지구 중심설)을 세운 그리스 천문학자이자 지리학자 겸 수학자인 프톨레마이오스와 친척 관계는 아니다.

기원전 300년경 활발히 활동한 유클리드가 사망하기 몇 년 전에 태어난 아르키메데스는 고대 세계에서 가장 위대한 수학자이자 과학자로 후세 사람들에게 '수학의 신'이라는 칭호를 얻었다. 아르키메데스는 어린 시절 알렉산드리아 도서관에서 공부하며 뜻이 맞는 친구(유클리드의 제자 포함)를 많이 사귀었다. 이후 고향 시라쿠사로 돌아온 그는 시라쿠사 왕 히에론 2세(Hieron II, 재위 270~c. 215BC)의 신임을 받았다. 히에론 2세가 사람을 시켜 황금 왕관을 만든 뒤 그 왕관이 전부 순금으로 만들어졌는지 아르키메데스에게 알아보도록 청했다는 이야기는 널리 알려져 있다.

이 이야기는 기원전 1세기 로마 건축학자 비트루비우스(Vitruvius)의 저서 『건축십서(De architectura)』에 기록되어 있다. 어느 날 욕조에서 목욕을 하던 아르키메데스는 욕조 밖으로 넘친 물과 자신의 부피가 같다는 걸 발견했다. 이를 바탕으로 그는 무게가 같은 두 물체가 있을 경우 밀도가 낮아 부피가 큰 물체를 넣었을 때 넘치는 물의 양이 밀도가 높아 부피가 작은 물체를 넣었을 때 넘치는 물보다 더 많을 것이라고 생각했다. 이것이 바로 그 유명한 부력의 원리다. 아르키메데스는 이 원리로 히에론 왕의 왕관이 순금으로 만들어지지 않았음을 밝혀내 왕의 인정을 받았고 결국에는 국가를 위해 목숨을 바쳤다.

클라우디우스 1세(Claudius, 재위 41~54)는 이탈리아가 아닌 곳(오늘날의 프랑스인 갈리아)에서 태어난 최초의 고대 로마 황제다. 그에게는 확실한 신체장애(아마 소아마비를 앓았을 것이다)가 있었고 역사학자

타키투스(Tacitus)는 그의 성격이 '유약'하다고 비웃기도 했다. 하지만 그는 재위 기간 동안 뛰어난 정치 업적을 남겼다. 무엇보다 로마제국의 통치 지역을 북아프리카까지 확대했으며 직접 군대를 이끌고 영국 해협을 건너 브리타니아를 로마제국 행정구역으로 만들었다. 그 밖에 역사에도 상당히 조예가 깊어 그리스어로 쓴 두터운 역사학 저서를 남기기도 했다.

흥미롭게도 이 황제는 「어떻게 하면 주사위를 던져 승리할 수 있는가」라는 소책자를 썼다고 전해진다. 확률 문제를 탐구한 이

메달에 새겨진 아르키메데스 초상

책은 현재 남아 있지 않다. 1654년 프랑스 수학자 파스칼과 페르마는 통신 방식으로 확률론의 기초를 닦았는데 두 사람의 출발점도 주사위 던지기 같은 도박 게임이었다.

2월과 로마의 통치자

1543년 5월 24일 임종을 앞둔 폴란드 천문학자 코페르니쿠스는 독일 뉘른베르크에서 보내온 책 『천구의 회전에 관하여(De revolutionibus orbium coelestium)』 견본을 받고 이틀 뒤 세상을 떠났다. 그는 수학과 관측으로만 천문학을 연구할 수 있다고 믿었다. 이 저서에서 코페르니쿠스는 지구가 태양 주위를 돌고 있다는 지동설을 제기했다. 그는 책에 "만약 배의 돛대 꼭대기에 횃불을 타오르게 하면 배가 해안을 벗어났을 때 해안에 있던 사람들은 불빛이 점차 약해지다가 사라지는 것을 볼 것이다"라고 적었다.

지구가 태양 주위를 도는 걸 공전이라 하고 지구가 태양을 한 바퀴 도는 데 걸리는 시간을 지구의 공전주기라고 하며 이것의 친숙한 표현이 연(年)이다. 연은 기준점 정의에 따라 항성년(恒星年), 회귀년(回歸年), 근점년(近點年)으로 나눈다. 항성년은 지구 공전의 진정한 주기로 여겨지고, 태양이 황도상의 춘분점을 출발해 다시 춘분점에 돌아올 때까지 걸리는 시간인 회귀년은 지구의 사계절이 변화하는 주기로 인류의 생활, 생산과 밀접한 관계가 있다. 회귀년은 항성년보다 약 20분 24초가 짧다.

천문학자와 수학자는 회귀년 시간이 365.2422일 정도라는 걸 계산해냈다. 일력에 매년 365일이 존재하는 이유가 여기에 있다. 이는 고대 로마의 율리우스력에서 변화한 역법이다. 기원전 46년 로마의 독재관 율리우스 카이사르는 새로운 역법, 즉 율리우스력을 공포하고 매년 열두 달을 큰 달(31일)과 작은 달(30일)이 교차하는 형태로 규정했다.

하지만 이 경우 1년 366일이 존재하면서 하루를 빼야 하는 달이 생긴다. 당시 매년 2월은 로마제국에서 범인을 처형하는 시기라 2월을 불길한 달로 여겼다. 이런 이유로 카이사르는 2월에서 하루를 빼 29일만 남겨두기로 결정했다.

한편 지구 공전주기는 매년 0.2422일 늘어나 약 4년마다 하루가 늘어난다. 이에 따라 카이사르는 3년에 한 번 윤년을 두거나 4년마다 윤년이 있게 했다. 결국 평년에는 1년이 365일이고 윤년에는 366일이 된다. 2월은 일수가 가장 적기 때문에 윤년 때 늘어난 하루를 2월에 주어 2월 30일을 만들었다.

율리우스력을 공포하고 2년이 지났을 무렵 카이사르는 애인의 아들 브루투스에게 암살당했다. 카이사르가 죽고 그의 질손(姪孫)이자 양자였던 옥타비아누스가 경쟁자 안토니우스를 물리치고 로마제국을 세워 초대 황제 아우구스투스(Augustus, 재위 63BC~AD14)가 되었다. 옥타비아누스는 원수정(元首政, 프린키파투스) 창시자로 로마제국을 무려 40년간 다스렸다. 그는 카이사르가 태어난 7월은 31일인 반면 자신이 태어난 8월은 30일밖에 없는 걸 알고 2월에서 뺀 하루를 8월에 덧붙이라고 명령했다.

그 결과 2월이 평년에는 28일, 윤년에는 29일이 되고 8월은 31일이 되었다. 8월 이후의 4개월 일수도 이에 상응하도록 조종했다. 그러나 이 일의 경위를 기록한 역사적 증거는 없다. 그저 전설에 불과할 가능성이 높지만 이야기가 논리정연하고 수학 수준도 높아 많은 사람이 이것을 사실로 믿는다.

실제로 지구의 회귀년은 365일보다 0.25일이 아니라 0.2422일이 많다. 물론 이 경우에도 오차가 존재해 400년마다 윤일 3일을 빼야 한다. 이것이 현재 전 세계에서 사용하는 그레고리력이다(율리우스력은 1년을 365.25일로 하고 0.25일의 오차를 바로잡기 위해 4년에 한 번씩 1일을 추가한 윤년이 있다. 400년에 100번의 윤년이 있는 셈이다. 그레고리력은 지구의 공전주기와 달력을 최대한 일치시키기 위해 4의 배수인 해를 윤년으로 하되 100의 배수인 해는 평년, 400의 배수인 해는 다시 윤년으로 정했다. 이 경우 400년 동안 윤년이 총 97회 발생한다.—옮긴이). 이 역법은 16세기에 활동한 이탈리아 의사 알로이시우스 릴리우스(Aloysius Lilius)가 가장 먼저 제기했는데 그가 세상을 떠난 뒤 독일 수학자이자 천문학자인 클라비우스(Christophorus Clavius, 1538~1612)가 수정하고 로마교황 그레고리우스 13세(Pope Gregorius XIII, 재위 1572~1585)가 1582년 3월 1일 공포해 10월 4일부터 시행하기 시작했다.

1582년 10월 4일 다음 날은 10월 5일이 아니라 10월 15일이었지만 요일은 계속 이어졌다. 즉, 10월 4일이 목요일이면 다음 날인

그레고리력의 아버지 알로이시우스 릴리우스

10월 15일은 금요일이 된 것이다. 이렇게 하면 1,000여 년 동안 쌓인 누적 오차를 한 번에 해결할 수 있다. 새로운 윤년 계산법은 이렇다. 연수가 4로 나누어떨어지는 해가 윤년인데 만약 연수가 뒤에 '0'이 2개 붙은 '세기년(世紀年)'이면 반드시 400으로 나누어떨어져야 윤년이 된다.

그레고리력의 연평균 길이는 365일 5시 49분 12초로 회귀년보다 26초 길다. 이 방식대로 계산할 경우 약 3,000년이 흘러 1일이라는 오차가 발생하지만 그래도 정확도가 상당히 높은 편이다. 율리우스력(그레고리력)에서는 2월 28일(2월 29일)에 태어난 사람이 가장 적다. 만약 나이를 한 사람의 생일수로 계산한다면 이 날 태어난 사람은 스무 살만 되어도 장수한 축에 속할 것이다.

오일러와 러시아 여제 4인

나폴레옹이 수학자를 가장 많이 사귄 군주라면 군주들과 가장 많이 상대한 수학자는 오일러다. 그런데 이들보다 100년 앞선 1649년, 프랑스 수학자이자 철학자인 데카르트(René Descartes, 1596~1650)가 스웨덴 크리스티나 여왕(Kristina, 재위 1632~1654)의 1년에 걸친 초대에 응해 여왕이 보낸 군함을 타고 네덜란드에서 스웨덴으로 건너간 바 있다. 그는 여왕의 궁정 교사가 되어 철학과 수학을 가르치다가 폐렴에 걸려 스톡홀름에서 숨을 거뒀다.

1727년은 스무 살 스위스 청년 오일러에게 운명 같은 해였다. 뉴턴이 런던에서 세상을 떠난 그 해 오일러는 자신의 학술 생애를 시작했다. 그는 프랑스 과학원이 주최하는 경연대회에 참가해 배에 돛대를 설치했다. 1721년에 시작된 프랑스 과학원 경연대회는 유럽 각국의 수많은 젊은이들을 끌어들이고 격려했다. 아쉽게도 오일러의 연구 성과는 상을 받지 못했다. 이후 모교인 바젤대학교에서도 일자리를 구하지 못한 그는 새롭게 문을 연 상트페테르부르크 과학원의 초청을 받아들여 러시아로 떠났다. 하지만 오일러가 러시아 땅을 밟은 날(5월 17일) 그를 초청한 예카테리나 1세 (Yekaterina Alekseyevna, 재위 1725~1727)가 세상을 떠났다. 러시아의 위대한 군주 표트르 1세(Pyotr I, 재위 1682~1725)의 아내로 출신이 비천했던 이 리투아니아 여인은 2년 남짓한 짧은 재위 기간 동안 과학원 설립이라는 남편의 소망을 실현했다.

처음 상트페테르부르크에 갔을 때 오일러는 어려운 처지에 놓였다. 예카테리나 1세가 죽은 뒤 거칠고 잔인한 무리에게 권력이 넘어가고 어린 차르가 황권을 행사하기도 전에 세상을 떠났기 때문이다. 과학원과 소속 연구자들을 있어도 그만 없어도 그만인 장식품처럼 여긴 권력자는 과학원 자체를 없애고 모든 외국 국적자를 강제 송환하는 방안까지 고려했다. 그렇지만 오일러는 연구에 몰두하면서 자신만의 수학 세계에 온전히 빠져 있었다.

스물여섯 살이 되던 해 오일러는 상트페테르부르크 과학원의 수학 교수가 되었다. 그는 러시아에서 가정을 꾸렸다. 신부는 표트르 1세가 스위스에서 데려온 화가의 딸이었다. 당시 러시아에서는 표트르 1세의 질녀 안나 이바노브나(Anna Ivanovna, 재위 1730~1740)가 또 다른 여제로 등장했다. 이후 러시아는 안나의 정부(情夫)가 간접 통치하며 역사상 가장 피비린내 나는 공포의 시기를 경험했지만 과학원은 상황이 더 나빠지지 않았다. 오일러 같은 수학자와 그가 연구한 수학문제는 권력자에게 방해가 되지 않았기 때문이다.

오일러는 아이를 무척 좋아했다. 두 아내(둘은 이복자매였다)는 자녀를 열세 명이나 낳았고 오일러는 종종 아기를 안은 채 논문을 썼다. 좀 더 큰 아이들은 그를 빙 둘러싸고 장난을 쳤다. 그는 어떤 장소, 어느 조건에서든 열심히 일할 수 있는 몇 안 되는 대과학자 중 한 명이었다. 1740년 여제 안나 이바노브나가 세상을 떠났고 오일러는 곧 프로이센 국왕 프리드리히 대제의 초청을 받아 프로이센 과학원에서 수학부 주임을 맡았다. 이후 그는 25년간 베를린에서 살다가 추운 상트페테르부르크로 다시 돌아가 가족과 함께 지냈다.

그 시기 러시아를 통치한 사람은 예카테리나 2세(Yekaterina II, 재위 1762~1796)였다. 그녀는 34년간 재위하면서 표트르 1세가 미처 이루지 못한 사업을 완성하는 데 힘썼다. 특히 러시아가 유럽 정치와 문화생활에 전면 참여하도록 이끄는 한편 법전을 제정하고 개혁을 단행했다. 그뿐 아니라 폴란드와 크림반도의 영토를 대부분 빼앗아 예카테리나 대제라고 불렸다. 오일러가 상트페테르부르크로 돌아오자 여제는 그를 황실 구성원 급으로 대우하고 온 가족(열여덟

명)이 살 수 있는 대저택과 가구를 마련해주었으며 개인 요리사까지 붙여주었다.

오일러는 평생 여제들의 관심과 보살핌을 받았지만 그 역시 불행한 일을 많이 겪었다. 그는 두 눈을 하나씩 연달아 실명했고 자녀 여덟 명이 잇달아 요절하기도 했다. 말년에는 큰 화재로 자신의 목숨과 원고를 송두리째 날릴 뻔하기도 했다. 하인의 살신성인으로 다행히 목숨은 건졌으나 장서들과 집이 모두 잿더미가 되고 말았다. 그 소식을 들은 예카테리나 2세는 그의 모든 경제적 손실을 보상해주었고 덕분에 오일러는 다시 업무에 몰두할 수 있었다.

한 가지 주목할 것은 안나 이바노브나와 예카테리나 2세 사이에 또 한 명의 러시아 여제가 있었다는 사실이다. 바로 표트르 1세의 딸 엘리자베타 페트로브나(Elizaveta Petrovna, 재위 1741~1762)다. 그녀가 재위한 20년 동안 오일러는 줄곧 베를린에서 생활했지만 러시아는 그에게 과학원 수당을 지급했다. 또한 엘리자베타 페트로브나 재위 기간에 상트페테르부르크 과학원에서 처음 자국인 회원, 과학자이며 시인인 미하일 로모노소프(Mikhail Lomonosov)가 탄생했다. 러시아 군대가 베를린 외곽을 침입했을 때 오일러의 농장이 피해를 보자 이 사실을 알게 된 엘리자베타 페트로브나는 그의 손실액을 갑절로 배상해주었다.

오일러는 평생 러시아 여제 4인의 보살핌을 받았다. 역사상 가장 유명한 궁정 수학자인 그는 평생 적국이던 두 나라, 즉 러시아와 독일을 오가며 여러 황제와 여제를 위해 일했다. 프리드리히 대제는 오일러에게 질녀를 위해 수업을 해달라고 요청했고 오일러는 일련의 아름다운 산문을 써서 여기에 응답했다. 이 글은 1768년에『독일 공주에게 보내는 편지(Lettres à une princesse d'Allemagne sur divers sujets de physique et de philosophie)』라는 책으로 출간된 이후 10여 개 국가에서 불티나게 팔렸다. 이는 과학자가 쓴 과학 보급서 또는 과학 문화 도서의 초기 사례라고 할 수 있다.

6

결혼, 바스카라에서
라마누잔까지

태양이 빛으로 뭇별이 색을 잃게 만드는 것처럼
학자도 대수학 문제를 제시해 수많은 훌륭한 사람이 뒤떨어져 보이게 만든다.

— 브라마굽타

인도 왕과 체스

2003년 겨울 나는 남인도 벵갈루루에서 열리는 수론학자 라마 찬드라(Kanakanahalli Ramachandra, 1933~2011) 탄생 70주년 경축 학술회 의에 참석했다. 라마찬드라는 인도 서남부 카르나타카주에서 태 어났는데 이 지역은 인도의 고대 대수학자 마하비라(Mahāvīra, 9세기 중엽 활동)와 바스카라(Bhāskara, c. 1114~c. 1185)의 고향이기도 하다. 인 도의 실리콘밸리로 불리는 벵갈루루가 이 주의 주도(州都)다.

돌아오는 길에 잠시 뭄바이에 머물다 인도 젊은이 한 쌍의 결혼 식을 보게 되었다. 가장 인상 깊었던 것은 길게 늘어선 차량, 많은 친척과 친구, 달콤한 노랫소리가 아니라 레드 카펫과 곳곳을 장식 한 생화였다. 이 평범한 시민의 결혼식에 들어간 생화는 대충 눈짐 작으로 계산해도 수만 송이는 되어 보였다.

그 결혼식을 보면서 나는 나도 모르게 인도 왕과 체스 이야기 를 떠올렸다. 인도인은 종교 활동에도 열성적이지만 머리를 쓰는 게임도 좋아한다. 그들은 모든 민족이 사용하는 영(0) 기호와 인도―아라비아숫자(속칭 아라비아 숫자)를 비롯해 체스(대략 6세기)를 발명했다. 체스는 두 사람이 각각 16개 말을 가지고 벌이는 게임인데 모든 말은 정해진 게임 규칙에 따라 움직이며 최종적으로 상대의 킹(King)을 더는 도망칠 수 없는 곳까지 몰아가면 이긴다.

중국에 널리 전해지는 이야기가 있다.

고대 인도의 왕 시람은 체스를 배우자마자 완전히 매료되어 게임을 발명한 재상 다히르에게 포상을 내리겠다고 했다. 재상은 잠시 생각하더니 말했다.

인도인이 발명한 체스

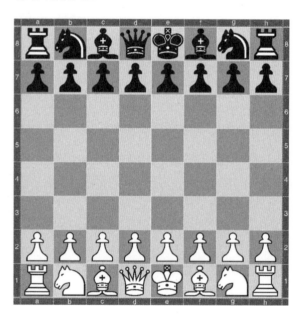

"폐하의 뜻이 정 그러하시다면 체스 판에 밀알을 좀 놓아주시지요."

첫 번째 칸에는 1알, 두 번째 칸에는 2알, 세 번째 칸에는 4알 하는 식으로 밀알을 놓아달라는 요구였다. 왕은 그깟 밀이 뭐라고 상으로 달라는 거냐며 연거푸 제안을 거절했지만 재상은 겸손하게 그러면 충분하다고 말했다.

체스 판에는 칸이 64(8×8)개 있다. 한마디 덧붙이자면 모든 체스 말은 장기 말처럼 교차점에 두는 것이 아니라 칸 안에 둔다. 이 등비급수에 따르면 20번째 칸에는 밀 한 포대를 놓아야 한다. 60번째 칸까지 가면 인도 전체의 밀을 다 가져와도 부족하고 64번째 칸에는 2의 63승에 해당하는 밀알을 놓아야 한다. 즉 18,446,744,073,709,551,615알이 필요하다. 결국 이 재상이 요구한 포상은 전 세계가 2,000년 동안 생산하는 양만큼의 식량이었다.

이 이야기는 수학의 '기하급수적 성장' 개념을 보여주는데 이는 18세기 영국 경제학자 토머스 맬서스(Thomas Robert Malthus)가 제시한 인구론의 초석이기도 하다. 인구론은 주로 두 공리(公理)와 두 급수로 이뤄진다. 음식은 인류가 생존하는 데 필수고 성욕은 필연적이다. 이 둘이 현 상태를 유지하게 하는 두 공리다. 또 인구는 제약이 없을 경우 기하급수적으로 늘어나고 생산수단은 산술급수적으로 늘어난다는 것이 두 급수다.

인도 왕과 체스 이야기에서 가능한 결말은 재상이 계속 보상을 독촉할까 두려웠던 왕이 구실을 만들어 아예 그를 죽이는 것이다.

애초에 왕이 속임수에 빠진 원인은 그가 추상적인 숫자 연산, 특히 기하급수를 확실히 인지하지 못했고 막강한 권력이 그를 오만에 빠뜨려 눈에 보이는 게 없도록 만들었기 때문이다.

딸을 위해 책을 쓴 바스카라

이제 인도 수학자 두 명과 두 결혼식 이야기를 살펴보자. 인도 역사에 바스카라라는 이름의 수학자가 두 명 있다. 한 명은 7세기, 다른 한 명은 12세기에 살았다. 첫 번째 바스카라는 뭄바이가 주도인 마하라슈트라주 사람으로 최초로 동그라미를 이용해 영(0)을 표시한 사람으로 알려져 있다. 여기서 이야기하려는 사람은 두 번째 바스카라다. 그는 고대 인도에서 가장 위대한 수학자이자 천문학자다.

바스카라는 1114년 인도 남쪽 데칸고원 서편에 있는 비두르에서 태어났다. 이 도시는 카르나타카주의 최북면에 위치하고 있는데 벵갈루루보다 하이데라바드나 뭄바이에서 더 가깝다. 바스카라의 아버지는 정통 브라만(제사장 귀족)으로 인도에서 유행하던 점성술 저서를 쓰기도 했다. 성인이 된 바스카라는 마디아프라데시주에 있는 유명한 우자인 천문대에서 일하다가 해당 천문대 관장까지 올라갔다. 망원경이 등장하기 전 이곳은 세계에서 가장 명성을 누린 천문대였다.

12세기 인도 수학은 이미 상당한 성과를 쌓았다. 바스카라는 이들 성과를 흡수하고 연구를 거듭해 앞선 지식을 뛰어넘는 업적을 이뤘다. 먼저 그는 십진법을 체계적으로 사용하고 미지수와 연산을 약자와 부호로 표시했다. 또 삼각함수 합차공식을 능숙하게 다뤘으며 부수(負數, 음수)를 전면 논의했다. 그는 부수를 부채나 손실로 부르고 숫자 위에 점을 찍는 방식으로 표시했다. 바스카라는 다음과 같이 적었다.

"정수(正數, 양수) 부수의 제곱은 항상 정수다. 정수의 제곱근은 2개가 있는데 하나는 정수고 다른 하나는 부수다. 부수는 제곱수가 아니기 때문에 제곱근이 없다."

그리스인은 일찍이 통약불가능성(공약불가능성)을 발견했지만 무리수를 수로 인정하지 않았다. 반면 바스카라와 다른 인도 수학자들은 무리수를 광범위하게 사용했고 연산할 때 유리수와 구분하지 않았다. 특히 문학 측면에서도 조예가 깊었던 그의 저서에는 시적 정취가 물씬 풍긴다. 바스카라의 주요 수학 저서로 『릴라바티(Līlāvatī)』와 『비자가니타(Bijaganita)』가 있다.

주로 대수학 문제를 탐구하는 『비자가니타』는 양수와 음수의 계산 법칙, 선형 연립방정식 등과 관련이 있다. 또 피타고라스 정리와 관련해 아름다운 두 가지 증명을 제시했는데 하나는 1,000년 전 동오의 수학자 조상(趙爽, c. 182~250)의 증명법과 같고 다른 하나는 17세기 영국 수학자 존 월리스(John Wallis, 1616~1703)가 재발견했다. 바스카라는 책에서 투박하고 꾸밈없이 무한대 개념을 언급했다.

어떤 수를 영으로 나누면 분모가 0인 분수가 된다. …… 이 수는 무한하고 거대하다. 임의의 수를 더하거나 빼도 아무 변화가 없다. 마치 세상을 파괴하거나 창조할 때 그 무궁하고 영원한 신에게 아무런 변화도 일어나지 않은 것처럼 말이다.

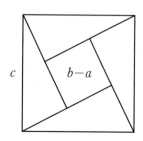

**바스카라는 피타고라스 정리의 두 가지 방법 중 하나를 증명했는데
이는 1,000년 전 중국 수학자 조상의 방법과 같다.**

내용이 훨씬 광범위하고 전체가 힌두교 신자의 기도로 시작하는 『릴라바티』는 책과 관련해 낭만적인 이야기가 전해진다. 릴라바티는 바스카라가 사랑하는 딸의 이름이다. 수학자이자 점성술에도 능한 바스카라는 어느 날 점을 치다가 딸이 결혼한 후 그녀에게 재앙이 닥치리라는 것을 알게 되었다. 바스카라의 계산에 따르면 만약 딸의 결혼식을 어떤 시각에 거행할 경우 재앙은 불가피했다. 바스카라는 '상서로운 시각'을 알려주는 장치를 만들었고 이것은 물이 가득한 통에 작은 구멍이 뚫린 사발을 놓아두면 시간이 흐를수록 구멍으로 물이 들어와 사발이 점차 가라앉는 원리였다.

결혼식 당일 신부가 시각을 알려주는 장치의 사발이 가라앉기를 기다리고 있는데 갑자기 그녀의 머리(콧구멍이라는 설도 있다) 장식에서 진주 한 알이 떨어져 사발 구멍을 막는 바람에 더 이상 물이 흘러들지 않아 상서로운 시각을 확인할 수 없었다.

결국 릴라바티는 결혼 후 얼마 지나지 않아 남편을 잃었다. 바스카라는 딸을 위로하며 그녀에게 산술을 가르쳐주고자 이 책을 집필했다. 책에서 바스카라는 7세기에 활동한 수학자 브라마굽타의 모든 작업을 꼼꼼히 연구하고 이해해 개선했다. 그가 개선한 것 중에는 펠 방정식의 해를 구하는 방법도 있다.

바스카라는 천문학 분야에서도 많은 업적을 이뤘다. 그는 구면삼각법, 우주 구조, 천문학 기구 등을 연구했고 곳곳에서 수학자의 시선과 관점을 드러냈다. 후세 사람들이 비하르주의 주도 파트나에서 발견한 한 석비에는 1207년 8월 9일 현지 권력가가 한 교육기관에 기부한 돈으로 바스카라의 저서를 연구하는 데 사용했다는 기록이 있다. 이는 그가 사망한 지 20년이 지난 때였다. 이 사실은 당시 수학자와 천문학자가 사람들의 존경을 받았음을 알려준다.

천재 라마누잔

인도에서는 윌리엄 새커리(William Makepeace Thackeray), 조지 오웰

(George Orwell), 러디어드 키플링(Joseph Rudyard Kipling) 같은 영국의 유명 작가와 시인 외에도 영국 수학자 두 명이 탄생했다. 19세기 초와 20세기 초 카르나타카주 동쪽 타밀나두주에서 오거스터스 드 모르간(Augustus De Morgan, 1806~1871)과 존 헨리 화이트헤드(John Henry Constantine Whitehead, 1904~1960)가 연이어 태어난 것이다. 드모르간은 아리스토텔레스가 전수한 논리가 불필요하게 제한 받았다고 단언하고 현대 수리논리학의 창시자가 되었다. 화이트헤드는 토폴로지(위상기하학)에서 호모토피 이론(homotopy theory) 발전에 크게 기여하고 가장 먼저 미분 다양체의 정확한 정의를 제시했다.

홍미롭게도 같은 타밀나두주에서 19세기 후반 세계적으로 명성을 떨친 인도 수학 천재 라마누잔(Srinivasa Ramanujan, 1887~1920)이 태어났다. 1887년, 즉 모한다스 간디가 영국으로 유학을 떠난 그해에 라마누잔은 코베리강 인근 작은 마을에 있는 외갓집에서 태어났다. 코베리강 연안에는 힌두교 성지가 많아 '남부의 갠지스강'으로 불린다. 첫돌이 지난 라마누잔은 현지 풍습에 따라 어머니와 함께 200여 킬로미터 떨어진 도시 쿰바코남으로 이사했는데 그곳은 과거 1,000여 년 동안 촐라 왕조의 수도였다.

라마누잔의 아버지는 인도 전통 의상인 사리 가게에서 점원으로 일하며 고작 월수입 20루피를 벌었다. 어머니는 근처에 있는 힌두교 사원에서 성가를 불러 받은 기부금의 절반은 사원에 바치고 절반은 생활비에 보탰다. 남인도의 무덥고 습한 날씨 탓에 라마누잔은 두 살 때 천연두를 앓았다. 그는 기적적으로 살아났지만 여동생과 남동생 3명이 연달아 요절하는 바람에 외동으로 남았다.

어린 시절 몸집이 비대했던 라마누잔은 예민하고 고집스러웠으며 남다른 버릇이 많았다. 그는 어머니가 성가를 부르던 사원에서만 음식을 먹었는데 집에서는 만약 자신이 좋아하는 음식이 없으면 진흙탕에서 구르며 성질을 부렸다. 그러다가 다섯 살 때 학교를 다니기 시작하면서 라마누잔은 천부적 재능을 보이며 이상한 문제를 제기하곤 했다. 예를 들면 '이 세상 최초의 인물은 누구인가?', '두 구름은 서로 얼마나 멀리 떨어져 있는가?' 같은 문제였다.

수학 시간에 라마누잔은 매우 조용하고 얌전했다. 반면 다른 시간에는 무슨 수를 써서라도 무단결석을 했고 그를 붙잡아오기 위해 가족이 경찰에 도움을 요청할 때도 있었다. 다른 아이들과 싸울 때 라마누잔은 자기 몸으로 친구를 짓눌러 꼼짝 못하게 만들었다. 그는 이런저런 말썽을 부려 교사에게 자주 벌을 받았는데 가끔은 씩씩거리며 교실을 뛰쳐나가기도 했다.

라마누잔에게 학교는 계몽 장소가 아니라 어떻게든 벗어나고 싶은 족쇄 같은 곳이었다. 그럼에도 라마누잔의 학업 성적은 상당히 우수했다. 열 살에 그는 초등학교 졸업시험(영어, 타밀어, 산수, 지리 등 포함)을 전국 1등으로 가볍게 통과했다.

중학교 2학년 때 친구들은 문제풀이를 도와달라며 라마누잔을 자주 찾아갔다. 3학년이 되자 그는 교사를 곤란하게 만들기 시작했다. 어느 날 수학 교사가 어떤 수든 자기 자신으로 나누면 반드시 1이 된다고 말했다. 가령 세 명이 사과 세 개를 나누면 한 사람당 사과 한 개를 갖고 1,000명이 사과 1,000개를 나누면 마찬가지로 한 사람당 사과를 한 개씩 갖는다는 것이다. 그때 라마누잔이 자리에서 일어나 질문을 했다.

"0을 0으로 나눠도 1이 되나요? 0명이 사과 0개를 나눠도 모든 사람이 사과 1개를 얻을 수 있습니까?"

열 살 신부와 결혼하다

라마누잔의 집안은 브라만 혈통이지만 일찍이 가세가 기울었다. 그가 성장하면서 집안 형편은 더 어려워져 라마누잔이 대학생에게 제공하는 기숙 보조금을 살림에 보태야 할 정도였다. 열다섯 살이 되던 해에 라마누잔은 영문판 『수학집성(Synopsis of Pure Mathematics)』을 손에 넣었는데 그 책은 방정식, 정리, 공식 수천 개를 비롯해 부문별로 나눈 대수학, 삼각, 미적분 등을 다루고 있었다. 한마디로 19세기 후반 인류가 알고 있는 대부분의 수학 지식이 거기에 다 담겨 있었다.

그 책의 저자는 유명한 수학자가 아니었지만 라마누잔은 대학교에 입학한 후에도 『수학집성』을 버리지 않고 순수수학의 늪에 깊이 빠져들었다. 그는 다른 학과목에 흥미를 잃을 정도로 자기만의 공식과 정리를 발견하는 데 심취했다. 열일곱 살 라마누잔은 영작문 수업에서 낙제하는 바람에 장학금을 받지 못했다. 화가 난 그

는 집을 나와 1,000킬로미터 떨어진 낯선 해안도시까지 갔다. 그
곳에서 한 달 동안 방황하다 집에 돌아왔지만 그 경험을 이해해주
는 사람은 아무도 없었다.

1년 후 라마누잔은 첸나이에 있는 학부에 들어갔고 그곳에서
물을 만난 물고기처럼 활약했다. 수학 교수는 그의 재능을 칭찬
하며 불확실한 문제를 만날 때마다 "라마누잔, 네가 볼 때 이게 맞
아?" 하고 그의 의견을 물었다. 그렇지만 라마누잔은 생리학에서
또 한 번 낙제했다.

라마누잔의 부모는 일부 과목에만 집중하고 나머지 과목은 소
홀히 하는 문제를 바로잡으려 하지 않고 오랫동안 아들을 그냥 내
버려두었다. 영국 수학자 E. H. 네빌(Eric Harold Neville, 1889~1961)의
말을 빌자면 그의 부모는 라마누잔이 "1909년 이전까지 아무런 근
심 걱정 없는 호시절"을 보내게 했다.

그렇지만 라마누잔이 두 번이나 학위를 받지 못하자 그의 부모
도 결국 인내심을 잃고 아들의 결혼을 추진했다. 어느 날 라마누
잔의 어머니는 100킬로미터 떨어진 작은 마을에서 눈이 맑은 어
린 여자아이를 만났다. 자나키라는 그 아이의 집안은 라마누잔 집
안과 경제적, 사회적 지위가 비슷했다. 자나키의 천궁도를 아들과
대조해 본 라마누잔의 어머니는 두 사람이 잘 맞는다는 걸 확인하
고 결혼을 결정했다. 당시 라마누잔은 스물두 살, 자나키는 열 살
이었다.

어린 신부와 결혼한 라마누잔은 결혼생활보다 『수학집성』과 수

학 공식을 발견하는 데 여념이 없었다. 공식 하나를 증명할 때마다 그는 다른 여러 공식을 발견했다. 가령 그는 원주율을 계산하기 위해 무한급수를 고안했는데 제1항이 소수점 8자리까지 정확했다. 이는 조충지의 성과를 뛰어넘는 것이었다. 이 무한급수는 훗날 컴퓨터로 원주율을 빠르게 구하는 방법을 제공했다.

페르마가 주를 단 디오판토스의 저서 『산수론(Arithmetica)』과 가우스의 수학일기처럼 라마누잔의 노트에도 기발한 발상이 가득했다. 그중 일부 내용으로 구성한 편지 한 통이 만 리 밖에 있던 영국의 대수학자 고드프리 해럴드 하디(Godfrey Harold Hardy, 1877~1947)를 놀라게 했다. 그는 라마누잔을 케임브리지로 초청했는데 그곳에서 이 인도 청년은 수론(특히 수의 분할 이론) 분야에서 탁월한 성과를 거뒀다. 라마누잔은 서른 살도 채 되지 않은 나이에 영국왕립학회 회원이 되었다.

라마누잔이 케임브리지에 있는 동안 자나키는 그와 함께하지 않았다. 라마누잔이 폐결핵에 걸려 인도로 돌아왔다는 소식조차 그녀의 시어머니가 숨기고 알리지 않았다. 하지만 자나키는 신문을 보고 그 소식을 알게 되었다. 고부간에는 일찍부터 갈등이 있었고 처음에 라마누잔은 어머니 편에 섰으나 영국에서 명성을 얻고 돌아온 뒤에는 아내 편으로 기울었다. 당시 자나키는 스무 살 꽃다운 청춘이었지만 라마누잔은 삶의 끝을 향해 가고 있었다. 귀국하고 1년도 채 지나지 않아 라마누잔은 서른두 살 젊은 나이에 세상

케임브리지의 라마누잔(가운데), 오른쪽에서 첫 번째가 하디

을 떠났다. 이후 자나키는 74년을 더 살다가 향년 아흔다섯 살에 생을 마감했다.

현재 라마누잔은 바스카라 이후 인도에서 가장 위대한 수학자로 인정받고 있다. 네루부터 간디까지 역대 인도 총리는 '인도의 아들'이라며 라마누잔을 치켜세웠다. 그는 시인 타고르(Rabindranath Tagore)와 함께 인도에서 사랑과 존경을 한 몸에 받는 인물이 되었다. 라마누잔 탄생 100주년을 맞아 인도에서는 그의 일생을 다룬 영화를 최소 세 편 제작했다. 미국 플로리다주에서는《라마누잔 저널(The Ramanujan Journal)》이 창간되었고 세계적인 라마누잔 학회도 설립되었다.

페르시아 역사학자 알비루니(Al-Bīrūnī, 973~c. 1052)는 인도인을 이렇게 평가했다.

"나는 그들의 수학과 천문학 저서를 보물과 썩은 대추, 진주와 거름, 보석과 자갈의 혼합물에 비유할 수밖에 없다. 그들이 보기에 이 물건은 다 같다. 그들이 이들 물건을 과학적 연역법 경지까지 끌어올리지 않았기 때문이다."

그때부터 지금까지 1,000여 년이 흐르는 동안 인도의 수학과 과학은 장족의 발전을 거두었다.

2005년 라마누잔의 고향에서는 그를 기념하며 라마누잔상을 제정했다. 매년 한 번 라마누잔의 연구 분야에서 기여한 젊은 수학자에게 상금 1만 달러와 함께 수여하는 상이다. 수상자 연령은 서른두 살을 넘으면 안 되며 시상식은 라마누잔의 생일인 12월 22일에 열린다. 같은 해 이탈리아 국제이론물리학센터(ICTP)와 국제수학연맹(IMU)에서도 라마누잔상을 설립했다. 표창 연령은 마흔다섯 살 미만이고 어느 분야에든 기여한 개발도상국 수학자에게 수여한다. 시상식은 12월 31일 이탈리아의 항구도시 트리에스테에서 열린다.

7

폰 노이만의
가족모임과
훌륭한 스승들

아무리 똑똑한 사람도 그와 함께 자라면
누구나 좌절감을 맛볼 수밖에 없다.

— 유진 폴 위그너

예리하고 민첩한 뇌

동유럽의 부유한 은행가 집안에서 태어나 방탕하고 무절제하며 클럽에 다니는 걸 좋아하던 이가 20세기에 중대한 영향을 끼친 인물이 되었다. 그는 뛰어난 수학자이자 물리학자였는데, 스물아홉 살에 미국 프린스턴 고등연구소의 종신교수로 초빙되어 함께 초빙된 교수 다섯 명 중 가장 나이가 어렸다(가장 연장자는 쉰네 살의 아인슈타인이었다). 제2차 세계대전 기간에는 육군과 해군, 미국과 영국 할 것 없이 연합군은 그와 떨어질 수 없었다. 그는 훌륭한 폭발 이론 전문가이자 첫 원자폭탄을 설계하고 발사한 사람이었기 때문이다.

전쟁이 끝난 후 그가 만든 게임 이론은 수리경제학 연구 분야를 크게 넓혔고 적어도 노벨경제학상(그가 죽은 지 12년 후에야 수여하기 시작했다) 수상자 열한 명의 연구에 영향을 미쳤다. 그가 가장 크게 기여한 부분은 컴퓨터 이론과 실천 분야로 그는 '컴퓨터의 아버지'라고 불리기도 한다. 요컨대 그는 20세기 미국이 받아들인 가장 유용한 인재라 할 수 있다. 그는 바로 헝가리에서 태어난 유대인 존 폰 노이만이다.

폰 노이만은 다부진 체격의 소유자로 두뇌가 총명했으며 자신이 집중하는 일에 놀라운 기억력을 발휘했다. 15년 전에 읽은 찰스 디킨스의 소설 『두 도시 이야기(A Tale of Two Cities)』와 『브리태니커 백과전서(Encyclopedia Britannica)』의 유익한 항목을 몽땅 암기할 정도였다. 특히 수학 상수와 공식은 그의 머릿속에 가득 차 있어 언제든 꺼내 쓸 수 있었다.

여기에 읽기 속도와 계산 능력이 놀라운 수준이었다. 소년 시절에는 화장실에 갈 때 책을 두 권씩 챙겼다고 한다. 그의 조교와 대학원생은 종종 자신이 "자전거를 타고 폰 노이만 박사를 태운 급행열차를 따라잡으려 하는" 느낌이 들었다고 한다. 계산할 때 그는 기이하게도 눈을 천장에 고정하고 무표정한 얼굴로 두뇌를 빠르게 회전시켰다. 급속도로 달려가는 기차 안에 있었다면 그의 사상과 계산 속도에 가속도가 붙었을지도 모른다.

그렇다고 그가 늘 신기한 능력만 보여준 것은 아니다. 베를린 훔볼트대학교 화학과에 다니던 폰 노이만은 어느 여름방학 때 부다페스트에 있는 집으로 돌아와 케임브리지대학교 경제학 전공을 준비하던 고향 친구를 사귀었다. 그때 그 친구에게 경제학 입문 서적을 추천받으면서 그는 새로운 학과에 관심을 기울이기도 했다.

한번은 독일인이 깔아놓은 수뢰를 어떻게 폭파할지 해군에게 가르쳐달라며 런던에서 그를 초청했다. 당시 그는 그곳에서 공기

역학 지식을 배우는 동시에 컴퓨팅 기술에 푹 빠졌다. 공기역학은 그를 경사충격파(간접충격파)를 연구한 선구자로 부상하게 했고 컴퓨팅 기술은 그가 수치분석 연구를 시작하게 해주었다.

폰 노이만이 컴퓨터에 직접 개입하는 일은 플랫폼에서 이루어진 우연한 만남에서 비롯되었다. 그는 여행 도중 특히 많은 것을 만들었는데 놀랍게도 그가 이룬 성과는 대부분 그가 다른 일에 종사할 때 얻은 것이었다.

각양각색의 뛰어난 과학자와 자주 협력하고 정치가나 군사 전문가와 상대해야 하는(폰 노이만은 미국 수학협회 의장부터 대통령 특별고문까지 역임했다) 사람에게는 예민한 정치적 후각과 균형 능력이 필요하다. 제2차 세계대전 이전에 폰 노이만은 독일이 연약하고 무능한 프랑스를 정복하고 제1차 세계대전 때 터키의 아르메니아인이 당한 대학살처럼 유대인이 참혹한 종족 멸절을 당할 것이라고 예언한 바 있다. 이후 독일과 소련이라는 두 강적이 전쟁을 치르는 동안 미국은 어부지리를 얻었다.

폰 노이만은 "원자폭탄의 비밀이 간단해서 교육받은 사람이라면 연구 제작이 가능하기 때문에" 소련이 조만간 핵무기를 발명할 것이라고 내다봤다. 어쩌면 그의 균형감은 타고난 능력이었는지 모른다. 그는 잘난 체하지 않았고 남들과 논쟁하는 것을 좋아하지도 않았다. 또 분위기가 경직되면 농담이나 잘 알려지지 않은 재미있는 이야기를 하면서 분위기를 부드럽게 만드는 데 능했다.

물론 폰 노이만의 천재적인 두뇌에도 부족한 점은 있었다. 그에게는 동료 아인슈타인과 선배 뉴턴 같은 독창성이 없었다. 그래도 그에게는 다른 사람이 창시한 사상이나 개념을 포착해 이를 다듬고 개선해서 학술계와 인류가 사용하도록 만드는 능력이 있었다. 미국에 온 후 이렇다 할 힘을 발휘하지 못한 아인슈타인과 달리 폰 노이만의 업적은 대체 불가능할 정도였다.

해군 장교로 제2차 세계대전에 참전한 후 미국 원자력 위원회 의장으로 활동한 루이스 스트로스(Lewis Strauss)는 이런 말을 했다.

"폰 노이만은 문제의 핵심을 파악해 그것을 분해하는 능력이 매우 뛰어나다. 그는 가장 어려운 문제도 단번에 간단명료하게 만들었다. 우리는 왜 이토록 명확하게 문제를 꿰뚫어보고 답을 얻지 못했는지 스스로 의아해했다."

노벨물리학상 수상자 유진 폴 위그너(Eugene Paul Wigner, 1902~1995)는 미국 정부가 제정한 과학과 핵 정책에 폰 노이만이 미친 영향력을 두고 질문을 받자 이렇게 대답했다.

"일단 폰 노이만 박사가 분석하기만 하면 어떻게든 문제가 명백해졌습니다."

이러한 능력이 모두 한 사람에게 집중되면 그 강점은 더욱 두드러진다. 어려서부터 부다페스트에서 폰 노이만과 함께 자란 위그너는 자신보다 한 살 어린 이 친구 앞에서 열등감을 느꼈다고 인정했다. 그는 노벨상을 수상한 뒤 저명한 과학사가이자 『과학혁명의 구조(The Structure of Scientific Revolutions)』(1962)를 쓴 토머스 쿤(Thomas Kuhn)과 인터뷰한 적이 있었다.

"당신은 기억력이 아주 좋지요?"

"폰 노이만보다는 좋지 않습니다. 아무리 똑똑한 사람도 그와 함께 자라면 누구나 좌절감을 맛볼 수밖에 없습니다."

또 한 명의 노벨상 수상자이자 독일계 미국 물리학자인 한스 알브레히트 베테(Hans Albrecht Bethe, 1906~2005)는 폰 노이만과 로스앨러모스 국립연구소의 동료였는데 그도 다음과 같이 한탄한 바 있다.

"폰 노이만 같은 두뇌는 인류보다 한 단계 더 높은 종이 존재한다는 걸 의미하는 것 아니겠습니까?"

인류 역사에서 폰 노이만은 칠판에 공식 몇 개를 적는 것만으로도 세계를 변화시킨 몇 안 되는 사람 중 하나다.

전형적인 유대식 교육

1903년 12월 28일 폰 노이만은 헝가리 수도 부다페스트에서 태어났는데 그가 태어나기 전 35년에 걸쳐 부다페스트는 줄곧 유럽에서 가장 빨리 발전하는 도시였다. 유럽에서 17위였던 부다페스트의 인구 순위는 런던, 파리, 베를린, 빈, 상트페테르부르크에 이어 단숨에 6위로 뛰어올랐다. 유럽에서 가장 먼저 전기화를 실현한 부다페스트는 유럽 최초로 지하철을 부설했고 공공마차를 전차로 대신했다. 폰 노이만이 태어나던 해 헝가리는 황금시대를 구가했으며 부다페스트 거리는 파리의 정취와 분위기를 물씬 풍겼다. 카페만 해도 600여 곳에 달했고 오페라 하우스의 음향 효과는 오스트리아 빈을 뛰어넘었다.

제1차 세계대전이 발발하기 반세기 전까지 부다페스트와 뉴욕은 세계 각지의 똑똑하고 자신감 넘치는 유대인이 이민을 우선으로 고려하던 도시였다. 이 두 지상낙원에서 사람들은 의사, 변호사 같은 전문직 종사자나 성공한 사업가가 되었다. 사실 뉴욕으로 이민을 간 유대인은 대부분 사회적 신분이 낮은 편이었다. 당시에는 교통수단의 제약으로 대서양을 횡단하는 배표 중 가장 낮은 층인 3등 선실만 저렴했고 초호화 객실표를 구매할 수 있는 사람은 극소수 부자뿐이었다. 더구나 먼 바다를 건널 때 생명의 안전을 보장받지 못했다.

부다페스트는 중산층과 상류층 유대인에게 더 많은 사랑과 동경을 받았다. 이상적인 중등 교육 환경을 갖추고 있었기 때문이다. 무엇보다 중요한 것은 중유럽의 다른 국가에서 유대인이 다른 사람들보다 열등한 위치에 있을 때 헝가리의 상황은 좀 달랐다는 점이다. 이는 일부 소수민족이 폭동을 준비하고 있을 때 유대인이 주요 민족인 마자르족 편에 선 덕분이다. 그들의 선견지명은 훗날 보상을 받았고 차별적인 법령이 하나둘 폐지되었다.

풍족한 유대인 집안의 일원인 폰 노이만은 열 살까지 전형적인 유대식 교육을 받았다. 그것은 가정교사에게 수업을 받는 것으로 당시 중상층 집안은 대부분 가정교사와 가정부를 두었다. 그들이 가장 중요시한 것은 외국어 학습이었는데 많은 부모가 헝가리어만 할 줄 알면 나중에 생존하는 것조차 문제가 될 거라고 생각했다. 아이들은 먼저 독일어를 배운 뒤 프랑스어와 영어를 배웠고 점차 나이가 들면서 라틴어, 그리스어도 공부했다. 라틴어가 공리화한 언어로써 뇌의 논리성을 끌어올리는 데 도움을 준다고 여겨진 덕분에 라틴어는 헝가리에서 수백 년 동안 존재했다.

일찌감치 시작한 라틴어 훈련은 훗날 폰 노이만이 컴퓨터 언어를 창조하는 데 도움을 주었을 것이다. 물론 이들은 수학도 중요시했다. 폰 노이만은 어려서부터 계산 쪽에 천부적 재능을 보였다. 그는 네 자릿수나 다섯 자릿수 두 개의 곱셈을 빠르게 암산했다. 무엇보다 그는 수학이 무미건조하고 추상적인 것이 아니라 일정한 규칙에 따라 움직인다는 것을 알아차렸다. 특히 그가 물려받은 어머니의 예술적 소양은 숫자의 우아함을 발견하는 데 도움을 주었고 이후 그는 학술 연구에서 이를 추구했다.

폰 노이만은 역사도 무척 좋아했다. 그는 아주 짧은 시간 동안 『세계사』 44권을 완독했으며 그 책 속에는 쪽지가 가득 끼워져 있었다고 한다. 물론 폰 노이만은 완벽하지 않았다. 그는 펜싱과 음악 분야에서는 평범한 수준을 보였다. 집안에서는 그를 위해 뛰어난 첼로 교사를 초빙했으나 그는 영원히 운지법 연습 단계에만 머무는 듯했다. 사실 헝가리 유대인 중에는 위대한 지휘자와 피아니스트가 적지 않다. 미국으로 이주한 음악가로 시카고의 조지 솔티(Sir George Solti), 필라델피아의 유진 오르먼디(Eugene Ormandy), 클리블랜드의 조지 셸(George Szell), 댈러스의 안탈 도라티(Antal Doráti) 등이 있다.

미국으로 건너간 헝가리인은 음악에서 탁월한 업적을 이뤘을 뿐 아니라 할리우드 발전에도 불멸의 기여를 했다. 20세기 폭스와 패러마운트픽처스 창시자도 헝가리 출신이다. 헝가리인이 미국의 수소폭탄 제조에 도움을 주었다고 하지만 그 위력은 할리우드보다 못하다. 폰 노이만의 아버지는 은행 사업이 성공을 거둔 후 영화 산업과 연극에 투자하기 시작했다.

수학 학습에서 폰 노이만은 신동이 아니었다. 그러나 암산 능력이 뛰어난 외조부 덕분에 그는 눈부신 속도로 발전할 수 있었다. 외조부는 어린 손자에게 숫자는 단순히 지루하게 계산하는 것이 아니라 일정한 규칙이 있는 것임을 알게 해주었다. 물론 그의 집안에서 초빙한 가정교사들도 훌륭한 수학적 소양과 기술을 갖추고 있었다.

점심시간의 가족모임

폰 노이만의 집에는 점심시간에 가족모임을 여는 훌륭한 전통이 있었다. 은행가였던 아버지는 아무리 바빠도 점심시간이면 반드시 집에 왔다. 아이들은 그 시간에 다 같이 논의하도록 앞 다퉈 문제를 제시했다. 하인리히 하이네(Heinrich Heine)의 시, 반유대주의의 위해성, 타이태닉호의 침몰, 외조부의 업적 등이 주제였다. 그렇게 심오한 문제를 다룬 것은 아니었고 어른들은 자기 관점을 아이들에게 강요하지 않았다.

하루는 어린 폰 노이만이 가족모임 때 눈의 망막에 상이 맺히는 원리는 사진필름 위의 작은 알갱이와 다르다는 문제를 제기했다. 눈은 다중채널이거나 다영역 입력이고 귀는 단일채널이거나 선형 입력일 거라는 얘기였다. 그는 일생 동안 중추신경계의 정보전달 기술과 인공 입력기기 또는 로봇의 정보기술 간의 차이에 높은 관심을 보였다. 처음 발성영화(사람의 목소리가 화면 속 인물의 입 모양에 맞춰 나오는 것.―옮긴이)를 보았을 때 그는 스크린상의 보이지 않는 확성기에서 소리가 나온다는 데 크게 놀랐다. 언뜻 보기에는 소리가 마치 배우의 입에서 나오는 것 같았기 때문이다.

폰 노이만은 열 살이 되었을 때 중등 교육기관인 김나지움에 들어갔다. 당시 엘리트 교육모델을 채택한 헝가리에서는 치열한 경쟁 메커니즘을 도입했다. 그리고 아이큐가 높은 10분의 1 학생들만 정성껏 교육하고 나머지 아이들은 내버려두었다.

이 정책은 유대인이 두각을 나타내는 데 유리했다. 그들에게 이성적인 데이터를 연구하는 것은 사람들과 교제하는 것보다 훨씬 쉬운 일이었다. 아인슈타인도 자신이 너와 나 세계에서 벗어나 물질세계로 가는 걸 좋아했다고 솔직히 인정했다. 제2차 세계대전이 끝난 뒤 일본은 헝가리의 엘리트 교육모델을 참고로 해 도쿄대학교에 합격한 학생 수로 중학교 수준을 가늠했다. 일본은 이 방법으로 경제 수준을 빠르게 높였고 노벨상과 필즈상(Fields Medal) 수상자

폰 노이만과 그가 만든 컴퓨터

도 수십 명이나 배출했다.

폰 노이만이 들어간 곳은 독일어로 수업하는 루터 신학 김나지움이었다. 당시 나이가 엇비슷한 유대인 아이 네 명이 부다페스트의 최상위 학교 세 곳에 입학했는데 이들은 나중에 전부 미국으로 이민을 갔다. 바로 폰 노이만, 레오 실라르드(Leo Szilard, 1898~1964), 유진 위그너, 에드워드 텔러(Edward Teller, 1908~2003)로 이들은 미국을 도와 원자폭탄과 수소폭탄을 연구 제작하는 데 성공했다. 폰 노이만을 제외한 3명의 물리학자는 1939년 여름 아인슈타인을 설득해 루스벨트 대통령(Franklin D. Roosevelt, 재임 1933~1945)에게 편지를 써서 원자폭탄을 제조하도록 건의했고 이로써 '맨해튼 계획'이 탄생했다.

실라르드의 공헌은 연쇄반응이라는 개념을 최초로 제시한 데 있다. 위그너는 중성자 흡수 이론을 세우고 이탈리아 출신의 물리학자 엔리코 페르미(Enrico Fermi)가 최초의 원자로를 만드는 데 협조했다. 텔러는 '수소폭탄의 아버지'라는 영예를 얻었다. 나치스 독일과 과거 러시아 황제를 향한 공포감과 혐오감은 이 유대인 과학자 네 명이 핵무기 연구 개발에 헌신하도록 만들었다.

1914년 폰 노이만이 김나지움에 다니던 때 제1차 세계대전이 일어났다. 오스트리아―헝가리 제국은 오스트리아 황태자가 암살당하자 세르비아에 선전포고를 했고 러시아와 독일이 급속도로 휘말렸다. 폰 노이만 가족은 지위가 높아 군복무를 할 필요가 없었기에 전시에도 베네치아 등지로 여행을 갈 수 있었다. 연합국이 패전한 후 러시아의 마지막 황제 니콜라이 2세(Nicolai II, 재위 1894~1917) 통치가 전복되고 헝가리도 이웃 나라에 영토의 3분의 2를 빼앗겼다. 그러나 엘리트 교육제도는 영향을 받지 않았다. 더욱이 루터 신학 김나지움 교장이자 부다페스트대학교 수학과 교수인 라츠(László Rátz, 1863~1930)는 폰 노이만의 수학 재능을 매우 중요시했다.

폰 노이만의 수학 재능을 발견한 라츠는 직접 그의 집을 방문해 별도의 수학 지식을 가르쳐주고 싶다는 뜻을 밝혔다. 동시에 폰 노이만이 모든 일반 교과과정을 계속 배울 수 있게 하겠다고 약속했다. 시간이 흘러 라츠는 폰 노이만을 부다페스트대학교의 여러 교수에게 추천하기도 했다.

열일곱 살이 된 폰 노이만은 부다페스트대학교의 한 수학자와 협업했다. 그때 폰 노이만은 체비쇼프 다항식의 근을 구하는 방법 연구를 독일 잡지에 발표했다. 이듬해 그는 외트뵈시 수학 경시대회에서 상을 받으며 김나지움 과정을 원만하게 마무리했다. 이 상의 수상자로는 실라르드, 텔러 그리고 공학자이자 초음속기의 아버지인 폰 카르만(Theodore von Kármán, 1881~1963) 등이 있다. 그때는 마치 전 세계가 헝가리 소년 폰 노이만에게 문을 활짝 연 것처럼 보였다.

60여 년이 흐른 뒤에도 폰 노이만의 김나지움 동창이자 노벨물리학상 수상자인 위그너의 사무실 벽에는 라츠 교장의 사진이 걸려 있었다. 교육계 인사들은 역사상 가장 성공한 엘리트 교육의 모범은 헝가리임을 공인했다. 1890년부터 제2차 세계대전이 발발할 때까지 지능 높은 10퍼센트 아이들을 엘리트로 키워냈기 때문이다.

점심시간의 가족모임 외에도 폰 노이만 가문의 저녁식사 자리에는 훌륭한 사람이 아주 많았다. 손님으로 온 뮌헨의 회계사, 맨체스터의 방앗간 주인, 마르세유의 상선 선주, 빈의 극장 사장 등은 모두 폰 노이만 아버지의 사업 파트너였다. 유아기 때부터 아버지는 아들에게 '은행업은 낭만적인 직업'이라는 생각을 심어주었다. 저녁 연회 때 아버지는 한 번도 손님들 앞에서 아들의 우수성을 자랑하지 않았고 오히려 아들에게 손님들의 뛰어난 모습을 보여주며 관찰하는 법을 배우게 했다고 한다.

8

포로수용소,
면화점 그리고
석좌교수

책을 사랑하는 사람은 진실한 친구, 훌륭한 지도교수,
사랑스러운 동반자, 다정한 위로자가 부족하지 않다.

— 아이작 배로

옥중에서 인재가 된 퐁슬레

수학사에 보면 역경을 딛고 인재가 된 사례, 후배를 위해 겸양하거나 서로 협력한 사례가 적지 않은데 이 이야기도 여기에 해당한다. 앞서 우리는 나폴레옹과 그의 수학자 친구들 이야기를 살펴보았다. 사실 더 젊은 수학자 장 빅토르 퐁슬레(Jean-Victor Poncelet, 1788~1867)도 있는데 그는 나폴레옹과 만난 적이 없을 테지만 그와 운명을 같이했다. 그뿐 아니라 퐁슬레는 전화위복으로 자신이 하고자 하는 일을 성취했다.

퐁슬레는 1788년 프랑스 동북부 도시 메츠에서 태어났다. 중고등학교 시절 성적이 우수했던 퐁슬레는 열아홉 살에 에콜폴리테크니크에 입학했다. 당시 그 학교에는 수학자 출신 총장이던 몽주를 비롯해 물리학자 앙드레 마리 앙페르(André-Marie Ampère) 등 유명한 교수가 많았다. 대학교 3학년 때 몸이 아파 성적이 떨어진 그는 고향으로 돌아와 군사공학학교에 들어갔고 졸업 후 네덜란드 서남부에 있는 한 섬에서 근무했다.

그로부터 반년도 채 되지 않은 1812년 여름, 황제가 된 나폴레옹 1세는 선전포고 없이 곧장 러시아로 쳐들어갔다. 퐁슬레가 공병부대 중위로 참전한 이 전쟁에서 처음에 프랑스군은 거침없이 진격했으나 곧 러시아군이 적극 방어하면서 양측에 적지 않은 사상자가 발생했다. 8월 20일 알렉산드르 1세(Aleksándr I, 재위 1801~1925)는 미하일 쿠투조프(Mikhail Kutuzov)를 러시아군 총사령관으로 임명했고 이후 전쟁은 한층 격화되었다. 9월 13일 1차 총력전에서 6만 명에 가까운 프랑스군 병사를 멸한 러시아군은 계획적으로 모스크바에서 철수했다.

장 빅토르 퐁슬레

당시 러시아의 수도는 상트페테르부르크였으며 완전히 지쳐버린 프랑스군은 비록 모스크바를 점령했지만 음식을 얻거나 휴식을 취하지 못했다. 서쪽 교외지역에서도 수시로 소규모 전투가 벌어졌다. 나폴레옹은 평화협정을 맺으려 했으나 거절당했다. 한 달 후 프랑스군은 어쩔 수 없이 모스크바에서 철수했다. 그리고 또다시 한 달이 지났을 때 나폴레옹은 전면 퇴각을 명했다.

11월 18일 모스크바 서남부의 크라스노예 전투에서 붙잡힌 퐁슬레는 러시아 남부 볼가강 하류의 사라토프 포로수용소에서 1년 반 동안 억류되었다. 그는 감옥에 있는 시간을 충분히 활용해 수학의 자유로운 본성을 발휘시켰다. 그는 난방용 목탄으로 벽에 작도하며 기하 문제를 탐구했다. 참고자료가 없어서 기본 이론부터 연구하기 시작했지만 종이 한 장과 펜 하나만으로도 생각을 확장해 갈 수 있었다. 퐁슬레는 먼저 순수이론적인 해석기하를 연구했고 이어 원추곡선의 투영 성질을 연구해 중심투영법(투시도법)을 만들어냈다. 중심투영법이란 투영 중심에서 출발해 투영선이 한 점에 모이게 하는 투영법으로 오늘날 3D 투영의 출발점이다. 또한 이것은 퐁슬레가 수학자로 발돋움한 결정적인 계기였다.

1814년 여름 석방되어 귀국한 퐁슬레는 상위(上尉)로 진급한 뒤 고향 메츠에 있는 무기 공장의 엔지니어가 되었다. 그는 여유시간을 이용해 계속 기하학을 연구하고 「도형의 사영적 성질에 관하여(Traite des proprietes pro-jectives des figures)」를 비롯해 중요 논문 몇 편을 연달아 썼다. 퐁슬레는 무한원점(소실점)이나 허원소로 변한 점과 선을 고찰하고 원 위의 무한원점과 구 위의 무한원직선 등 새로운 개념을 도입해 원추곡선 성질 연구를 원 성질 연구로, 일반사변형 문제를 평행사변형 문제로 바꿨다. 이 논문 발표는 19세기 사영기하학 연구 발전에 결정적 역할을 했다.

사영기하는 17세기 초 프랑스 수학자 지라르 데자르그(Girard Desargues, 1591~1661)가 르네상스 시대 이탈리아 화가 레온 바티스타 알베르티(Leon Battista Alberti)가 제기한 문제에 답하고자 만든 것이다. 당시 화가들은 투시 원리를 이용해 모델과 풍경을 그렸다. 중간에 유리판을 하나 놓고 유리와 캔버스에 네모 칸을 그린 것이다. 모델 영상이 유리를 통과하면 윤곽이 나타났고 화가는 그 윤곽을 바탕으로 모사했다. 알베르티는 유리를 평행하게 이동시킬 경우 기존 윤곽과 새로운 윤곽 사이에 어떤 수학 관계가 있는지 물었다. 200여 년 동안 수학자들을 골치 아프게 만든 이 문제를 마침내 데자르그가 해결했다.

퐁슬레가 유명해지자 사람들은 그가 포로수용소에서 쓴 수학 노트를 '사라토프 비망록'이라 불렀다. 그는 사영기하뿐 아니라 응용역학 분야에도 뛰어난 업적을 남겼다. 일례로 그는 처음 현대적인 '일' 개념을 제시했는데 '기계적인 동력' 혹은 '작업량'으로 불리던 것을 '기계적인 일'이라 부르고 킬로그램·미터를 단위로 했다.

1834년 퐁슬레는 프랑스 과학원 회원이 된 뒤 준장으로 진급했으며 모교인 에콜폴리테크니크 총장직을 맡았다. 1868년, 즉 그가 세상을 떠난 이듬해 프랑스 과학원은 퐁슬레상을 제정해 역학자와 응용수학자를 격려했다.

제2차 세계대전 기간에도 감옥에 갇혔을 때 중대한 발견을 한 두 명의 프랑스 수학자가 있었다. 한 명은 장 르레(Jean Leray, 1906~1998)로 그는 독일군 포로수용소에서 5년을 보내는 동안 강요에 못 이겨 독일군을 위해 일하게 될까 봐 두려워했다. 그래서 그는 역학, 유체동력학에 관한 자신의 재능을 숨기고 이론성이 강한 위상기하학으로 연구의 관심을 돌리는 한편 층 이론을 제창했다. 다른 한 명은 수론학자 앙드레 베유(André Weil, 1906~1998)인데 그는 군대에 가기 싫어 핀란드로 도망쳤다가 러시아군에게 붙잡혔다. 이후 우여곡절을 거듭하다 조국으로 돌아와 감옥에 갇혔지만 결과적으로 이는 그의 영감이 끊임없이 샘솟는 계기가 되었다. 베유는 아내에게 보내는 편지에 "매년 나를 2, 3개월씩 가둬야 하지 않을까?"라고 적기도 했다. 1979년 이 두 프랑스인은 평생의 영광을 상징하는 울프상(Wolf Prize, 1978년부터 이스라엘의 울프 재단(Wolf Foundation)에서 농업, 화학, 수학, 의학, 물리학 및 예술 분야의 당대 전문가 가운데 인류의 이익과 우호관계 증진에 기여한 사람에게 수여하는 상.─옮긴이)을 수상했다.

베트남 전쟁 기간 동안 옥중에서 성과를 거둔 미국인도 있다. 그는 바로 해군 중장 제임스 스톡데일(James Bond Stockdale, 1923~2005)이다. 1965년 가을 마흔두 살 스톡데일은 임무를 수행하다가 베트남 포병에게 격추당했다. 그는 계급이 가장 높은 미국 포로로서 하

노이의 옥에 7년 반 동안 갇혀 있었다. 구금 기간에 그는 자신의 수학 지식을 발휘해 암호체계를 만들었고 그것을 수용자들이 의사소통 수단으로 사용하도록 했다.

소상인의 아들, 화뤄겅

앞서 프랑스 수학자 몽주가 소상인이자 칼갈이의 아들이라고 말했는데 그와 마찬가지로 20세기 중국 수학자 화뤄겅(華羅庚, 1910~1985)도 소상인 집안 출신으로 장쑤성 진탄현에서 태어났다. 견습공 출신인 그의 아버지는 오랜 기간 노력한 끝에 상점 세 곳을 소유했으나 화재로 모두 잃었고 화뤄겅이 태어날 무렵에는 면화 위탁판매를 하는 작은 가게 하나만 남았을 뿐이었다.

소학교 시절 화뤄겅은 성적이 형편없었지만 남아선호 사상이 투철했던 그의 아버지는 성적이 좋은 누이는 학교를 그만두게 하고 화뤄겅은 중학교에 보냈다. 이듬해부터 수학 교사가 화뤄겅을 눈여겨보더니 종종 그를 불러 조용히 말했다.

"오늘 문제는 아주 쉬우니까 나가서 놀아도 돼."

중학교 3학년 때 화뤄겅은 이미 책에 나오는 연습문제 해법을 간단하게나마 만들기 시작했다. 그런데 가정형편이 나아지지 않아 그는 수도에 있는 고등학교가 아니라 학비를 전액 지원하는 직업학교에 들어갔다. 열여섯 살 화뤄겅은 같은 도시에 사는 여성과

결혼했고 그다음 해에 아내가 딸을 낳자 학교를 그만두고 아버지를 도와 가게 일을 맡았다.

그러나 화뤄겅은 여전히 수학책을 보고 연습문제 푸는 걸 좋아했다. 그 시절 강 건너에는 화씨 집안 면화점과 마주한 두부점이 있었는데 매일 날이 밝기 전 두부점 직원이 콩을 갈 때쯤이면 화뤄겅은 벌써 불을 켜고 책을 보고 있었다고 한다.

화뤄겅은 손님이 오면 아버지를 도와 계산하고 장부를 기록했지만 손님이 가면 바로 수학책을 보거나 연습문제를 풀었다. 그가 너무 열심히 책을 읽느라 손님 접대를 잊으면 아버지는 노발대발해 책 읽는 바보가 되었다며 혼을 냈다. 심한 경우 화뤄겅이 문제 풀이를 한 초고를 갈기갈기 찢기도 했다. 그러던 어느 날 회계사가 저지른 심각한 실수를 화뤄겅이 바로잡는 걸 본 뒤로 아버지는 마침내 마음을 놓았다.

그로부터 1년 후 파리대학교에서 유학을 마치고 돌아온 중학교 교장이 배우기를 좋아하는 화뤄겅을 보고 그에게 학교 회계 겸 서무 직을 맡겼다. 교장이 화뤄겅을 발탁해 중학교 1학년 보충학습반 수학 교사 자리를 맡기려고 준비 중일 때 불행한 일이 연달아 찾아왔다. 먼저 어머니가 병으로 세상을 떠났고 이어 화뤄겅 자신이 장티푸스에 걸려 반년을 병석에 누워 지냈다. 의사는 가망이 없다고 했지만 화뤄겅은 끝까지 최선을 다해 기적적으로 살아났다. 그렇지만 안타깝게도 장애가 생겨 걸을 때 왼쪽다리로 먼저 원을 그리듯 움직인 뒤에야 오른쪽다리로 한 걸음을 옮길 수 있었다. 이런 그의 발걸음은 '컴퍼스와 직선자'라는 놀림거리가 되었다.

스무 살도 채 되지 않은 화뤄경의 불편한 다리는 수학을 연구하겠다는 그의 결심을 한층 더 굳건하게 다져주었다. 만약 다리가 불편하지 않았다면 똑똑한 화뤄경이 자신의 인생에 또 다른 선택지가 있을 거라고 여겼을지도 모른다.

그 무렵 상하이의 종합잡지《학예(學藝)》에 소가구(蘇家駒)가 쓴 '대수의 5차방정식 해법'이라는 글이 실렸다. 이는 100년 전 노르웨이의 수학 천재 닐스 헨리크 아벨(Niels Henrik Abel, 1802~1829)이 세운 이론과 배치되는 것이었다.

당시 화뤄경은 아벨을 몰랐지만 소가구의 글을 열심히 연구하고 고민했다. 그는 12차 행렬식 계산에 오류가 있음을 발견한 뒤 그 이유를 적고 해당 결과를 부정하는 글을 써서 상하이의 잡지《과학(科學)》에 보냈다. 그 잡지사는 독자가 보내온 편지 형식으로 화뤄경의 글「소가구의 대수 5차방정식 해법이 성립할 수 없는 이유」를 발표했고 이는 화뤄경의 운명을 바꾸는 전환점이 되었다.

《과학》에서 화뤄경의 글을 읽고 한껏 고무된 칭화대학교 수학과 슝칭라이(熊慶來, 1893~1969) 교수는 우여곡절 끝에 화뤄경을 조교로 초청했다. 칭화대학교에서 화뤄경은 먼저 와서 공부하고 있던 천싱선(陳省身, 1911~2004)을 사귀었고 이후 두 사람은 함께 중국 수학의 새로운 역사를 쓰게 된다.

직위를 능력 있는 사람에게 물려준 배로와 천젠궁

수학사를 돌아보면 부유한 집안 출신 수학자도 꽤 있다. 버트런드 러셀(Bertrand Russell, 1872~1970)의 조부는 영국 총리였고 뉴턴의 스승 아이작 배로(Isaac Barrow, 1630~1677)의 아버지도 부유한 리넨 제조상으로 평소에 왕실과 인연이 있었다. 배로는 어렸을 때 어머니를 여의고 귀족 학교에 들어가 공부했다. 열세 살 때 트리니티칼리지에 들어간 그는 그곳을 졸업한 뒤 학교에 남았다가 스물다섯 살에 유럽 대륙을 벗어나 다양한 학교에서 공부했다. 서른 살이 된 배로는 케임브리지대학교로 돌아와 석좌교수로 일했고 서른세 살에 최초로 루커스 수학 석좌교수가 되었다. 이는 케임브리지대학교, 나아가 영국에서 가장 명성이 높은 교수직이다.

배로의 주요 저서로는 『광학 강의(Lectiones Opticae)』(1669)와 『기하학 강의(Lectiones Geometricae)』(1670)가 있는데 그중 『기하학 강의』는 무한소 분석에서 그가 기여한 내용을 포함하고 있다. 특히 '계산으로 접선을 구하는 방법'에서는 데카르트 엽선 등 주요 곡선의 접선을 구하는 방법이 오늘날의 도출 과정에 상당히 가깝다고 언급했다. 동시에 배로는 접선 문제와 구적(求積) 문제의 상반 관계를 알아냈지만 기하학 사고에 얽매여 미적분 기본 정리를 발견하지 못했다. 미적분 기본 정리는 배로의 학생이던 뉴턴과 독일인 라이프니츠(Gottfried Wilhelm Leibniz, 1646~1716)가 각자 독립적으로 완성했다.

어느 날 뉴턴은 케임브리지에 있는 한 서점에서 배로가 번역한

아이작 배로

『기하학 원론』을 구매했다. 처음에 그는 책 내용이 전부 상식선에 그친다고 생각해 열심히 읽지 않았고 데카르트의 '좌표 기하'에만 관심을 기울였다. 나중에 뉴턴은 장학금 시험에서 떨어졌는데 그때 주임 시험관이 배로였다. 배로가 뉴턴에게 말했다.

"자네의 기하학 지식은 너무 빈약해. 그런 식으로는 열심히 공부해도 아무런 도움이 되지 않을 걸세."

배로의 말에 큰 충격을 받은 뉴턴은 『기하학 원론』을 처음부터 끝까지 깊이 연구했고 그것은 그가 과학적 발견을 하는 데 탄탄한 토대가 되었다.

그리스어와 아라비아어에 정통한 배로는 『아르키메데스 전집』과 유클리드의 『기하학 원론』 등을 편역했는데, 『기하학 원론』은 무려 반세기 동안 영국의 표준 기하 교재로 쓰였다. 영국 선교사 와일리와 청나라 수학자 이선란이 공역한 『기하학 원론』 완역본(1857년)은 배로의 영역본을 번역한 것이고, 그 이전에 이탈리아 선교사 마테오 리치와 명나라 학자 서광계가 공역한 『기하학 원론』 축약본(1607년)은 독일 수학자 클라비우스의 라틴어 역본을 번역한 것이다.

이름이 둘 다 '아이작'인 배로와 뉴턴은 열두 살이라는 나이 차이가 있었지만 수학뿐 아니라 물리학, 천문학, 신학까지 관심사가 거의 일치했다. 배로는 언변이 좋고 활력 넘치는 전도사로 말년에는 신학에 온 힘을 쏟았다. 누구보다 먼저 뉴턴의 천부적 재능을 발견한 배로는 1669년 겨우 스물여섯 살이던 뉴턴에게 루커스 수학 석좌교수 자리를 넘겨주었다.

"책을 사랑하는 사람은 진실한 친구, 훌륭한 지도교수, 사랑스러운 동반자, 다정한 위로자가 부족하지 않다."

배로의 이 명언은 오늘날까지 전해진다. 마흔일곱 살에 케임브리지대학교 부총장이 된 배로는 약물 과다 복용으로 한창 나이에 세상을 떠나고 말았다. 약 400년 후, 머나먼 동양에서도 천젠궁(陳建功, 1893~1972)이라는 훌륭한 인품을 지닌 수학자가 항주대학교 부총장 재임 도중 병으로 세상을 떠났다. 당시 중국에는 석좌교수직이 없었지만, 천젠궁은 배로의 영국 왕립학회 회원과 비슷한 신분인 중국과학원 학부위원이었다.

1893년 천젠궁은 저장성 사오싱에서 태어났다. 가난한 말단직원의 장자였으며 천젠궁은 밑으로 여동생이 여섯 명이나 있었다. 어려운 형편 속에서 어릴 때는 동네 서당에서 공부했고 열여섯 살에는 루쉰(魯迅)이 학생들을 가르치던 사오싱중학당에 입학했다. 수학을 가장 좋아했던 그는 항저우 2급 사범학당을 졸업한 후 일본 국비 장학생으로 공부할 수 있는 기회를 얻었다.

천젠궁은 도쿄고등공업학교에서 염색 공예를 배우면서도 수학에 지속적으로 흥미를 보였다. 그래서 그는 야간대학인 도쿄물리학교(1988년 도쿄이과대학으로 개명)에 입학했다. 그는 낮에는 화학 공업을, 저녁에는 수학과 물리를 공부했다. 1918년에 도쿄고등공업학교, 1919년 봄에 도쿄물리학교를 졸업하고 돌아와 저장대학교의 전신 저장갑종공업학교에서 교편을 잡았다.

1920년과 1926년 두 번에 걸쳐 천젠궁은 일본에서 공부하며 동경제국대학교(지금의 도쿄대학교) 수학과를 다녔다. 1921년 그의 첫 함수론 논문이 일본《동북수학잡지(東北數學雜誌)》에 발표되었는데, 이는 중국학자가 외국에서 발표한 최초의 수학 논문이었다. 1929년 동경제국대학교에서 박사 학위를 받은 그는 일본에서 박사 학위를 받은 최초의 외국인이 되었다. 그가 일어로 쓴 저작『삼각급수론(三角級數論)』도 일본에서 출판되었다.

고향으로 돌아온 천젠궁은 저장대학교 수학과 주임으로 임용되었다. 2년 후 천젠궁의 추천으로 저장대학교에서는 중국에서 두 번째로 일본 박사 학위를 받은 쑤부칭(蘇步靑)을 초빙했고 천젠궁은 자신보다 아홉 살 어린 쑤부칭에게 주임 자리를 넘겨주었다. 천젠궁과 쑤부칭은 20여 년간 긴밀하게 협력하며 항저우, 구이저우, 상하이에서 중국 수학 인재를 대거 양성하며 유명한 '천쑤(陳蘇)학파'를 형성했다.

數學的思考

재미있는
수학문제

1

음양의 조화를 이룬
완전수 이야기

찾을 수 있는 완전수는 많지 않다.
완전수는 완벽한 인간만큼 매우 드물다.

— 르네 데카르트

완전수란?

　2000년 미국 뉴욕의 클레이 수학연구소(Clay Mathematics Institute, CMI)는 '밀레니엄 7대 수학 난제' 해법을 공모해 각 문제를 해결할 때마다 상금 100만 달러를 지급했다. 그중 푸앵카레 추측은 2003년 러시아 수학자 그리고리 페렐만(Grigori Perelman, 1966~)이 증명했다. 그는 공로를 인정받아 수학 분야 최고상인 필즈상 2006년 수상자이자 밀레니엄 상금 수여자가 되었지만 수학 연구만으로도 충분한 재미를 얻었다고 생각해 수상을 거절했다.

　이탈리아 수학자로 1998년 갈릴레오상, 2002년 페아노상을 수상한 피에르조르조 오디프레디(Piergiorgio Odifreddi, 1950~)는 2000년에 『수학세기(La matematica del Novecento)』라는 소책자를 출간했다. 이 책에서 그는 20세기의 중요한 수학문제 30개를 설명하고 마지막에 아직 해결하지 못한 4대 난제를 제시했다. 그중 '완전수 문제'가 첫 번째 자리를 차지했는데 나머지 세 개는 리만 가설, 푸앵카레 추측, $P=NP$ 문제다.

완전수는 자신을 제외한 약수들의 합이 자신과 같은 자연수를 가리킨다. 기원전 6세기 고대 그리스 수학자 피타고라스는 아마 이 문제를 최초로 연구한 사람일 것이다. 그는 6과 28이 완전수라는 것을 알아냈다. 6과 28은 각각 약수가 3개(1, 2, 3), 5개(1, 2, 4, 7, 14)뿐이고 다음 식이 성립된다.

$$6 = 1+2+3$$

$$28 = 1+2+4+7+14$$

피타고라스는 이렇게 공언했다.

"6은 완전무결한 결혼, 건강, 아름다움을 상징한다. 6의 일부가 완전하고 그 일부의 합이 그 자신과 같기 때문이다."

자연수 n을 완전수라고 정의하면 다음 방정식을 충족한다.

$$\sum_{\substack{d \mid n \\ d < n}} d = n$$

여기서 그리스 자모 $\sum$(시그마)는 합을 구하는 부호이며 아래 제한 조건은 n이 d로 나누어떨어지고 d가 n보다 작다는 것을 나타낸다.

『기하학 원론』

'기하학의 아버지' 유클리드는 기원전 4세기에서 기원전 3세기로 넘어가는 시기에 살았던 인물이다. 아테네에 있는 플라톤 아카데메이아에서 공부한 그는 『기하학 원론』에서 완전수의 정의를 제시하고 짝수가 완전수의 충분조건이라는 사실을 증명했다. 즉, 만약 p와 2^p-1이 모두 소수면 다음은 반드시 완전수다.

$$2^{p-1}(2^p-1) \qquad\qquad (E)$$

2^{p-1}의 모든 약수가 반드시 2^i 형식인 정수이기 때문에 여기서 $0 \le i \le p-1$로 총 p개가 된다. 또 2^{p-1}과 2^p-1이 서로소, 즉 $(2^{p-1},\ 2^p-1)=1$이므로 $n=2^{p-1}(2^p-1)$의 모든 약수의 합과 $\sigma(n)$(n자신 포함)은 다음과 같다.

$$(1+2+\cdots\cdots+2^{p-1})(1+2^p-1)=2^p(2^p-1)$$

다시 n을 빼면 결론을 얻을 수 있다. 이 충분조건과 해당 증명은 『기하학 원론』 9권 명제 36에 등장한다. 9권 명제 20에서 유클리드는 소수가 무한히 많다는 것을 증명했다. 유클리드보다 조금 앞선 시대인 피타고라스학파를 계승한 아르키타스(Archytas)는 이미 이 충분조건을 알고 있었다고 전해진다. 아르키타스는 철학자 플라

『기하학 원론』(1570) 라틴어 초판.

톤의 벗이자 연을 발명한 사람으로 알려져 있다.

최초의 『기하학 원론』 중역본은 1607년 출판되었으며 이탈리아 선교사 마테오 리치와 명나라 학자 서광계가 공역했다. 아쉽게도 두 사람은 앞의 6권만 번역했다. 완역본은 1857년에야 세상에 선보였는데 뒤의 9권을 영국 선교사 와일리와 청나라 수학자 이선란이 공역했다. 말하자면 그때부터 중국인은 완전수를 알고 있었다.

『성경』의 첫 권인 「창세기」에는 하나님이 6일에 걸쳐 세상(제7일은 안식일이다)을 창조했다고 나온다. 천동설을 믿은 고대 그리스인은 달이 지구 주위를 도는 데 28일이 필요하다고 생각했다. 고대 로마 사상가 아우구스티누스(Aurelius Augustinus)도 『신국(City of God)』에 다음과 같이 적었다.

"하나님이 피조물을 만드는 데 걸린 시간이 6일이라서가 아니라 6이라는 수는 그 자체로 완벽하다. 사실 6이 완벽한 수라서 하나님이 6일 안에 모든 만물을 창조하신 것이다."

니코마코스

완전수는 등장하는 순간부터 사람들을 유혹하는 마력을 지니고 있어 수많은 위대한 수학자와 아마추어를 끌어들였다. 그들은 금을 캐는 사람들처럼 몰려들어 쉬지 않고 완전수를 찾았다. 6과 28에 이어 발견된 두 완전수는 496과 8,128이다. 서기 100년 즈음 피타고라스학파인 니코마코스(Nicomachus)는 자신이 쓴 명저 『산술입문(Arithmetike eisagoge)』에서 이 두 완전수를 다뤘다.

아르키타스와 유클리드가 제공한 완전수 충분조건에 따라 p 가 2와 3일 때 각각 6과 28이라는 두 완전수에 대응한다. p 가 5와 7일 때는 각각 496과 8,128에 대응한다. 니코마코스는 저서에서 완전수와 관련해 5가지 가설을 제시했는데 이는 최초의 완전수 가설이기도 하다.

1) n번째 완전수는 n자리 수다.

2) 모든 완전수는 짝수다.

3) 완전수의 끝자리는 6과 8이 교대로 나타난다.

4) 『기하학 원론』에 나오는 완전수의 충분성도 필요한 것이다.

5) 무수히 많은 완전수가 존재한다.

이 중 1)과 3)은 훗날 잘못된 것으로 밝혀졌다. 4)는 오일러가 증명했고 아라비아 물리학자 알하젠(Alhazen, c. 965~c. 1039)도 서기 1000년 무렵 이런 가설을 내놓은 바 있다. 2)와 5)는 오늘날 완전수 문제로 일컬어진다. 따라서 우리는 니코마코스라는 이름을 기억해야 한다.

니코마코스의 또 다른 저서 『화성학(Enchiridion Harmonikes)』은 주로 피타고라스의 음악 이론을 다룬다. 그는 두 권짜리 『수의 신학(Theology of Arithmetic)』도 집필했으나 아쉽게도 단편으로만 남아 있다. 여기에는 오늘날 우리가 익히 알고 있는 아름다운 항등식도 포함되어 있다.

니코마코스 정리

앞에 있는 세제곱수 n개의 합은

뒤에 있는 자수 n개의 합의 제곱과 같다.

$$1^3+2^3+3^3+ \cdots \cdots +n^3=(1+2+3+ \cdots \cdots n)^2$$

메르센 소수

다섯 번째 완전수는 한참 뒤에 등장하는 바람에 세 번째와 네 번째 완전수 발견 시기와 거의 1,350년 정도 차이가 난다. 중세 암흑시대를 뛰어넘어 1456~1461년에야 어느 무명씨가 발견한 이 다섯 번째 완전수는 33,550,336이라는 여덟 자리 수로 $p=13$이다. 이후 1536년 그리스 수학자 레기우스(Hudalrichus Regius)가 또 한 번 이 완전수를 발견한다. 이전에 사람들이 $M_2=3$, $M_3=7$, $M_5=31$, $M_7=127$ $(M_n=2^n-1)$이 소수라는 것을 발견했을 때는 모든 M_p가 소수라고 생각했다. 그런데 레기우스는 M_{11}이 소수가 아니라는 걸 알아냈다.

$$M_{11}=2^{11}-1=2\ 047=23\times89$$

이 발견 덕분에 완전수가 계속 등장할 수 있었다.

1588년 이탈리아 수학자 피에트로 카탈디(Pietro Cataldi, 1548~ 1626)는 여섯 번째 완전수 8,589,869,056과 일곱 번째 완전수 137,438,691,328을 찾아냈는데 두 완전수는 각각 $p=17$, $p=19$ 에 대응했다. 미국 수학자 레너드 유진 딕슨(Leonard Eugene Dickson,

마랭 메르센

1874~1954)이 『수론의 역사(History of the Theory of Numbers)』(1919)에 서술한 바에 따르면 니코마코스와 카탈디 사이에 여섯 번째 완전수를 찾았다고 주장하는 사람이 열아홉 명이나 있었다. 일곱 번째 완전수가 포함하는 소수 $2^{19}-1=524\ 287$은 이후 200년 동안 인류가 아는 최대 소수 자리를 지켰다.

카탈디가 여섯 번째와 일곱 번째 완전수를 발견한 해에 프랑스 수도사이자 수학자인 마랭 메르센(Marin Mersenne, 1588~1648)이 태어났다. 메르센은 $M_n=2^n-1$처럼 생긴 수를 연구하고 수많은 것을 발견해 가설을 세웠다. 이런 수를 후세 사람들이 메르센 수라고 부르는 이유가 여기에 있다. 메르센 수가 소수일 때 메르센 소수라고 부르는데 메르센 소수가 있으므로 짝수 완전수도 존재한다는 것을 알 수 있다. 그러나 당시에는 이 명제의 반정립이 성립하는지는 알 수 없었다.

메르센과 동시대 사람인 데카르트와 페르마는 수학 발전에 크게 공헌했다. 두 사람도 완전수 문제에 주목하며 심혈을 기울였으나 성과는 미미했다. 데카르트는 공개적으로 다음과 같이 예언했다.

"찾을 수 있는 완전수는 많지 않다. 완전수는 완전한 사람만큼 매우 드물다."

페르마는 완전수를 연구하는 과정에서 페르마의 소정리를 발견했다.

페르마의 소정리

만약 p가 소수이고 $(a, p) = 1$이라면 $a^{p-1} - 1$은 p의 배수다.

오일러의 증명

이제 스위스 태생의 수학자 오일러가 등장할 차례다. 1747년 베를린에서 타향살이를 하던 스위스 수학자 오일러는 니코마코스의 가설을 증명했다. 그것은 모든 짝수 완전수는 반드시 (E)의 형식을 갖는다는 것이다. 오늘날의 관점에서 이 증명은 그리 어렵지 않다.

오일러의 증명

n이 짝수고 $n = 2^{r-1}s$, $r \geq 2$, s가 홀수라고 가정했을 때 n이 완전수라면 $\sigma(n) = \sigma(2^{r-1}s) = 2^r s$다. 2^{r-1}과 s에 공약수가 없고 $2^{r-1}s$의 약수의 합이 s의 약수들을 더한 값의 $(2^{r-1})/(2-1) = 2^r - 1$배와 같기 때문에 $\sigma(n) = (2^r - 1)\sigma(s)$다. $\sigma(s) = s + t$이고 이 중 t가 s의 약수들을 더한 값이라고 할 때 $2^r s = (2^r - 1)(s + t)$, 즉 $s = (2^r - 1)t$가 된다. 다시 말해 t는 s의 약수이면서 s의 약수의 합이기도 하다. 따라서 $t = 1$, $s = 2^r - 1$은 소수다.

이 필요충분조건도 **유클리드―오일러 정리**라고 부른다.

짝수 n은 완전수여야 한다.

$$n = 2^{p-1}(2^p - 1)$$

이 중 p와 $2^p - 1$은 모두 소수다.

이로써 짝수 완전수는 비교적 명백하고 그 존재성은 메르센 소수의 판단으로 귀결된다. 니코마코스 가설 중 1)과 3)은 잘못된 것으로 밝혀졌다. 다섯 번째 완전수는 여덟 자리고 다섯 번째 완전수와 여섯 번째 완전수가 모두 6으로 끝나기 때문이다. 25년이 흘러 예순다섯 살이 된 오일러는 두 눈을 실명했지만 조수의 도움을 받아 여덟 번째 완전수인 2,305,843,008,139,952,128을 찾아냈다. 이 완전수는 $p = 31$에 대응한다.

그때는 앞서 완전수를 발견했을 때보다 184년이 흐른 뒤였다. 다시 말해 영국 철학자 화이트헤드가 '천재의 세기'라고 부른 17세기에 여러 위대한 수학자가 완전수 문제에 빠져 있었지만 그들은 새로운 완전수를 찾지 못했다.

뤼카─레머 소수 판별법

100여 년이 흐른 1883년 러시아 우랄산맥 동쪽(아시아에 속함) 예카테린부르크에서 250킬로미터 떨어진 작은 마을의 정교회 목사 페르부신(Ivan Pervushin, 1827~1900)이 아홉 번째 완전수(총 37자리, p=61에 대응)를 찾아냈다. 페르부신 목사가 태어난 페름 변강주가 우랄 산맥 서쪽(유럽에 속함)에 있다는 점을 눈여겨볼 필요가 있다.

7년 전인 1876년 프랑스 수학자 에두아르 뤼카(Édouard Lucas, 1842~1891)는 19년간 노력한 끝에 손으로 직접 M_{127}이 소수(77자리)라는 것을 검산했다. 이후 컴퓨터 시대가 열릴 때까지 75년 동안 M_{127}은 인류가 아는 가장 큰 소수 자리를 지켰다(M_{127}은 여전히 수작업으로 검산해서 얻은 최대 소수다). 불행히도 마흔아홉 살이 되던 해 뤼카는 깨진 도자기 그릇에 팔을 베어 파상풍으로 세상을 떠났다.

그런데 1911년과 1914년 미국 콜로라도주에 있는 한 철도회사 직원 파워스(Ralph Ernest Powers, 1875~1952)가 열 번째와 열한 번째 완전수를 발견했다. 두 수는 각각 54자리와 65자리고 p=89, p=107에 대응한다. 크기 순서에 따르면 뤼카가 발견한 것은 열두 번째 완전수다. 뤼카의 방법은 훗날 미국 수학자 데릭 헨리 레머(Derrick Henry Lehmer, 1905~1991)의 손을 거쳐 메르센 소수를 판별하는 효과적인 방법으로 재탄생했다.

뤼카─레머 소수판별법

임의의 기소수(奇素數, 기수이면서 소수인 수) p에 대해 $M_p=2^p-1$이 소수면 $M_p|S_{p-2}$일 때 $S_0=4$, $S_k=S_{k-1}^2-2$ $(k>0)$다.

파워스는 캘리포니아주 작은 마을에서 세상을 떠나기 하루 전 날 밤, 즉 1952년 1월 30일 캘리포니아대학교 버클리캠퍼스의 래 피얼 로빈슨(Raphael Mitchel Robinson, 1911~1995) 교수가 컴퓨터로 새로 운 완전수(열세 번째와 열네 번째) 두 개를 찾아냈다는 사실을 알지 못 했다. 두 수는 각각 314자리와 366자리로 $p=521$, $p=607$에 대응한 다. 같은 해 로빈슨은 또 다른 완전수 세 개를 발견했다. 그때부터 완전수는 컴퓨터 시대로 진입했고 완전수와 메르센 소수 관련 경 쟁도 컴퓨터 간의 경쟁으로 바뀌었다.

완전수 문제

이제 이 이야기의 서두에서 말한 완전수 문제로 돌아가보자. 완 전수는 두 부분으로 이뤄진다.

문제 1 완전수는 대체 몇 개일까?

역대 수학자와 수학 애호가가 함께 노력한 덕분에 2018년 1월 까지 인류는 메르센 소수와 짝수 완전수를 모두 50개 찾아냈다. 그 중 쉰 번째 메르센 소수는 다음과 같다.

$$2^{77\,232\,917}-1$$

이 수와 상응하는 완전수는 23,249,425자리와 46,498,849자리가 있는데 이는 현재까지 사람들이 알고 있는 최대 소수와 최대 완전수다. 하지만 아직도 완전수가 유한개인지 아니면 무한히 많은지는 아무도 모른다.

문제 2 홀수 완전수가 존재할까?

지금까지 인류가 발견한 완전수 50개는 모두 짝수였는데 과연 홀수 완전수가 존재할까? 아무리 강력한 컴퓨터의 힘을 빌려도 이 문제에 답할 수 있는 사람은 아무도 없다. 사람들이 알고 있는 것은 홀수 완전수가 있으면 그 수가 반드시 10^{1500} 보다 크고 까다로운 일련의 조건을 충족해야 한다는 것뿐이다.

제곱 완전수

완전수는 굉장히 드물기 때문에 데카르트, 페르마, 메르센, 오일러, 20세기의 레머, 로버트 대니얼 카마이클(Robert Daniel Carmichael, 1879~1967) 같은 위대한 수학자는 모두 다음 k차 완전수를 연구했다.

$$\sum_{d\mid 0,\,d<n} d = kn,$$

$k=1$일 때 완전수가 된다. 아쉽게도 이들은 $k>1$일 때 단편적 해답만 찾는 데 그쳤고 오일러 증명과 유사한 필요충분조건은 얻지 못했다. 2012년 봄 나는 제곱 완전수 문제를 제기하고 연구했다. 그것은 다음 방정식의 자연수 해를 말한다.

$$\sum_{d\mid 0,\,d<n} d^2 = 3n \qquad\qquad (\mathrm{F})$$

나는 2002년과 2004년 내가 지도하는 대학원생들과 함께 아래 정리 1과 정리 2를 증명했다.

정리 1   방정식(F)의 모든 해는 $n=F_{2k-1}F_{2k+1}(k\geq 1)$다. 이 중 F_{2k-1}과 F_{2k+1}은 피보나치 쌍둥이 소수다.

여기서 피보나치 수는 앞서 소개한 토끼 문제가 정의한 수열의 수, 즉 $F_1=F_2=1$, $F_n=F_{n-1}+F_{n-2}\,(n\geq 3)$다. 피보나치 수 한 쌍이 소수고 아래 첨자 수의 2만큼 차이가 날 때 우리는 이를 피보나치 쌍둥이 소수라고 부른다. 이미 알고 있는 제곱 완전수 5개는 F_3F_5, F_5F_7, $F_{11}F_{13}$, $F_{431}F_{433}$, $F_{569}F_{571}$이고 이들 수는 다음과 같다(네 번째와 다섯 번째는 각각 180자리와 238자리다).

10 $(F_3=2, \ F_5=5)$,

65 $(F_5=5, \ F_7=13)$,

20 737 $(F_{11}=89, \ F_{13}=233)$,

735 108 038 169 226 697 610 336 266 421 235 332 619 480 119
704 052 339 198 145 857 119 174 445 190 576 122 619 635 288
017 445 230 931 072 695 163 057 441 061 367 078 715 257 112
965 183 856 285 090 884 294 459 307 720 873 196 474 208 257,
3 523 220 957 390 444 959 595 279 062 040 480 245 884 253 791
540 018 496 569 589 759 612 684 974 224 639 027 640 287 843
213 615 446 328 687 904 372 189 751 725 183 659 047 971 600
027 111 855 728 553 282 782 938 238 390 010 064 604 217 978
755 993 551 604 318 057 918 269 182 928 456 761 611 403 668
577 116 737 601

여기서 우리는 10이 유일한 짝수 제곱 완전수임을 쉽게 알 수 있다. 짝수인 소수 2 하나밖에 없기 때문이다. 그러나 여섯 번째 제곱 완전수가 있는지도 모르고 제곱 완전수가 얼마나 많이 존재하는지도 증명할 수 없다.

아래 결론은 명성이 자자한 쌍둥이 소수 가설(두 수의 차가 2인 소수의 쌍이 무수히 많이 존재한다)과 밀접한 관계가 있다.

정리 2   쌍둥이 소수 가설이 성립하려면 다음 방정식에서 자연수 해가 무수히 많아야 한다.

$$\sum_{d\,|\,0,\,d<n} d^2 = 2n+5 \tag{G}$$

1859년 쌍둥이 소수 가설을 일반화한 프랑스 수학자 알퐁스 드 폴리냐크(Alphonse de Polignac, 1826~1863)는 이런 의견을 제시했다.

자연수 k에 서로 $2k$만큼 차이 나는 무수히 많은 소수쌍이 존재한다.

k=1일 때가 곧 쌍둥이 소수 가설에 해당한다. 우리는 폴리냐크 의 가설에 대응하는 (G)와 유사한 등가 방정식을 얻었다. 그리고 2016년 가을 나는 폴리냐크의 가설을 아래와 같이 일반화할 수 있 음을 발견했다.

자연수 k에 서로 $6k$만큼 차이 나는 무수히 많은 4원소 소수 그룹과 서로 $30k$만큼 차이 나는 무수히 많은 6원소 소수 그룹이 존재한다.

예를 들어 {5, 11, 17, 23}은 6만큼 차이 나는 4원소 소수 등차수 열이고 {7, 37, 67, 97, 127, 157}은 30만큼 차이 나는 6원소 소수 등 차수열이다.

2

이집트 분수와
디도 여왕

우리가 어떤 일을 강하게 기대하면 기대했던 그 일이 일어난다.

— 피그말리온 효과

이집트 분수 이야기

아라비아의 어느 갑부가 세상을 떠나기 직전 고급차 11대를 딸 3명에게 증여하겠다고 했다. 그는 첫째 딸, 둘째 딸, 막내딸에게 줄 몫을 각각 2분의 1, 4분의 1, 6분의 1로 정했다. 어떻게 하면 차 11대를 망가뜨리지 않고 갑부의 유언에 따라 세 딸에게 엄밀히 나눠줄 수 있을까?

한 자동차 판매업자가 이 난제를 해결하는 데 도움을 주었다. 그가 무상으로 차 한 대를 제공하면서 차는 12대가 되었고 세 딸은 아버지의 유언에 따라 차를 각각 6대, 3대, 2대씩 받았다. 그런데 딸들이 각자 받은 차를 가져간 뒤 한 대가 남았고 그 차는 원래 주인이던 판매업자에게 돌아갔다. 판매업자는 손해 보는 일 없이 인정을 베푼 것이다.

이 이야기는 다음 수학문제를 제기한다. 유리수 $\frac{n}{n+1}$을 어떻게 단위분수 3개의 합으로 표시할 것인가? 이집트 분수라고도 불리는 단위분수는 분자가 1인 분수를 가리킨다. 이 분수는 고대 이집트인이 자주 사용한 분수로 '호루스(신)의 눈'으로 여겨진다. 이집트인은 이 분수를 이용해 곱셈과 나눗셈을 계산하기도 했다. 따라서 문제는 다음과 같이 변한다.

$$\frac{n}{n+1} = \frac{1}{x} + \frac{1}{y} + \frac{1}{z}$$

앞서 말한 자동차 분배 관련 문제는 $n=11$인 해를 구하는 것과 같다. 여기서 n은 갑부가 남긴 자동차 수량이며 답은 $(x, y, z) = (2, 4, 6)$이다.

일반적인 이집트 분수 문제는 유리수 하나를 단위분수의 합으로 나타내는 방법을 말한다. 다시 말해 서로소인 자연수 m과 n으로 다음 식의 해를 구한다.

$$\frac{m}{n} = \frac{1}{x_1} + \frac{1}{x_2} + \cdots\cdots + \frac{1}{x_k} \tag{E}$$

결론은 긍정적이다. 즉, 서로소인 자연수 m과 n, k와 x_k는 반드시 존재하지만 해결하지 못한 유명한 문제는 지정한 특수값에 있다는 것이다.

예를 들어 $m=4$, $k=3$이라고 하자. 1948년 헝가리 수학자 에르되시 팔(Erdős Pál, 1913~1996)과 독일 태생의 미국 수학자이자 아인 슈타인의 조수인 에른스트 슈트라우스(Ernst Gabor Straus, 1922~1983) 는 $n \rangle 1$이면 아래 방정식에는 항상 해가 존재한다는 가설을 세웠다.

$$\frac{4}{n} = \frac{1}{x} + \frac{1}{y} + \frac{1}{z}$$

미국 출생의 영국 수학자 루이스 조엘 모델(Louis Joel Mordell, 1888~ 1972)은 $n-1$이 24의 배수가 아닐 때 상술한 가설이 성립하지 않는 다는 것을 증명했다. 1982년 양훈건(楊勛乾, 한자를 정확히 알 수 없어 저 자가 음역한 것)이라는 중국 수론 학자는 만약 $4n+3$의 약수에 n, $n+1$, $n+4$ 또는 $4n+1$ 중 하나가 들어 있으면 가설이 성립한다는 것을 증 명했다. 따라서 이 가설은 거의 모든 n에 성립한다. 지금까지 사람 들은 $n \leq 10^{14}$일 때 가설이 모두 정확하다는 것을 검증했다.

또 다른 예로 $m=5$, $k=3$인 경우도 있다. 1956년 폴란드 수학자 시에르핀스키는 $n \rangle 1$이면 아래 방정식에는 항상 해가 존재한다는 가설을 세웠다.

$$\frac{5}{n} = \frac{1}{x} + \frac{1}{y} + \frac{1}{z}$$

1966년 캐나다 수학자 제임스 스튜어트(James Stewart, 1941~2014)는

$n \leq 10^9$일 때 위의 가설이 성립한다는 것을 검증했다. 그는 $n-1$이 278,468의 배수가 아닐 때도 가설이 성립한다는 것을 증명했다. 그러나 우리는 모든 n 또는 거의 모든 n에 이 가설이 성립하는지는 여전히 알지 못한다.

위의 두 가설은 지금까지 실증하거나 부정당한 적이 없다. 필즈 상 수상자이자 중국계 호주 수학자인 테렌스 타오(Terence Tao, 1975~)를 비롯해 많은 사람이 이 문제를 연구했지만 아직까지 해결하지 못했다. 또 하나 재미있는 문제가 있다. 식 (E)에서 $m=n=1$이면 $x_1 < x_2 < \cdots\cdots < x_k$가 된다. 임의로 주어진 자연수 k에 x_k의 최소치를 확정하고 이 최소치를 $m(k)$라 가정하면 $m(3)=6$, $m(4)=12$가 된다. 즉, 다음과 같다.

$$1 = \frac{1}{2} + \frac{1}{3} + \frac{1}{6}$$
$$1 = \frac{1}{2} + \frac{1}{4} + \frac{1}{6} + \frac{1}{12}$$

일반적인 결과는 아직 아무도 모른다.

디도 여왕의 물소 가죽

이집트와 함께 지중해 남해안에 위치한 튀니지는 고대 카르타고

인의 거주지다. 카르타고는 4대 문명국과 고대 그리스 사이에 있는 고대 국가로 기원전 9세기에 디도(Dido) 여왕이 건국했다. 16세기 영국 극작가 크리스토퍼 말로는 그녀를 위해 희곡을 썼고 1792년 런던에서 고대 로마 시인 베르길리우스(Publius Vergilius Maro)의 서사시 「아이네이스(Aeneis)」에 근거해 각색한 3막 오페라 〈카르타고 여왕(Dido, Queen of Carthage)〉을 상연했다. 1971년에 태어난 한 영국 가수는 디도라는 이름을 예명으로 쓰기도 했다.

카르타고 고성 모형. 저자 촬영.

흥미롭게도 수학 분야의 한 기원이 디도 여왕과 관련되어 있다. 그리스 전설에 따르면 처음 카르타고에 발을 디딘 디도 여왕은 물소 가죽을 한 장 얻었다. 원주민은 그녀에게 물소 가죽으로 둘러싼 크기만큼의 땅을 주겠다고 약속했다. 현명한 여왕은 수행원들에게 명령해 물소 가죽을 가늘고 길게 잘라 넓은 면적을 둘러싸게 했고 그 결과 반원을 얻었다. 만약 그 땅이 내륙 평원에 있었다면 이는 당연히 잘못된 판단이었을 것이다. 같은 길이로 원을 두를 경우 두른 면적은 반드시 반원보다 더 크기 때문이다. 이는 원의 면적과 원주만 계산해도 증명할 수 있다.

이것이 바로 변분법(變分法)의 기원 이야기다. 이 이야기의 또 다른 버전은 다음과 같다.

지중해 키프로스의 디도 여왕은 남편이 자신의 남동생 피그말리온에게 살해당한 후 수행원들과 함께 서쪽에 있는 아프리카 해안으로 도망쳤다. 여왕은 현지 추장에게 토지를 구매하고 그곳에 카르타고를 세웠다. 토지구매합의서는 이렇게 체결했다.

"도시 크기는 한 사람이 하루 동안 쟁기질을 해서 낸 도랑으로 두를 수 있는 만큼의 면적이다."

실제로 현지에 가보니 지중해 해변에 카르타고 고성이 있었는데 박물관에 전시한 지형도 외형이 확실히 반원에 가까웠다.

뉴턴과 라이프니츠가 미적분을 발명한 이후 미적분은 끊임없이 발전해 다양하면서도 완전해졌다. 특히 함수 개념 심화로 미적분은 다른 분야에서 빠르고 광범위하게 응용했고 새로운 수학 분야를 형성했다. 심지어 미적분은 인문과 사회과학 분야에도 스며들었다. 그중 두드러진 현상은 수학과 역학의 관계가 그 어느 때보다 밀접해졌다는 점이다. 당시 수학자들은 대부분 역학자이기도 했다. 고대 동서양에 수학자이자 천문학자인 사람이 많았던 것처럼 말이다.

새롭게 떠오르는 수학 분야에는 상미분방정식, 편미분방정식, 변분법, 미분기하, 대수방정식 등이 있다. 많은 수학자가 이들 수학 분야를 확립하고 그 위에 미적분학이 더해져 해석학이라는 수학 분야가 등장했다. 해석학은 대수학, 기하학과 함께 근대 수학의 3대 학문으로 자리를 잡았으며 나머지 두 학문보다 더 발달했다.

변분법 탄생은 다른 수학 분야에 비해 더욱 극적이다. 언뜻 수학 분야가 아닌 것처럼 보이지만 본래의 뜻은 '변량의 미적분'으로 함수 변량을 연구하는 수학이다. 일반 미적분은 수의 변량을 처리한다. 현재 변분법의 응용 범위는 비누 거품부터 상대론, 측지선, 극소곡면을 거쳐 등주 문제에 이르기까지 매우 광범위하다. 등주 문제는 디도 여왕의 면적 최대화 문제를 포함한다.

디도 여왕의 토지구획 문제 외에 최속강하선 문제도 아주 재미있다. 이는 동일한 평면이나 동일한 수직선상에 있지 않은 두 점 사이의 곡선을 구해 중력이 작용할 때만 질점이 한 점에서 다른 한 점까지 가장 빠른 속도로 미끄러지게 만드는 것이다. 이 문제는 이탈리아 물리학자 갈릴레이가 1630년 처음 제기했는데 그는 답이 원호(圓弧)라고 잘못 생각했다. 1696년 스위스 수학자 요한 베르누

이(Johann Bernoulli, 1667~1748)가 이 문제를 다시 제기했고 공개적으로 해답을 공모하면서 유럽 대수학자들의 주목을 끌었다. 뉴턴, 라이프니츠, 요한의 형 야코프 등이 여기에 참여했다.

최속강하선 문제는 특수함수의 극값을 구하는 문제로 귀결할 수 있다. 정답은 파선(Cycloid)이다. 원이 직선을 따라 회전할 때 원 위의 한 고정점이 지나는 궤적을 파선이라고 부른다. 외형이 원호나 포물선의 일부처럼 생겨 갈릴레이 같은 대가의 실수가 전혀 이상하게 보이지 않는다.

톨스토이의 소설

그리스 신화에 따르면 피그말리온은 사랑의 신 아프로디테 조각상에 반한 키프로스의 왕이다. 인간 여자를 싫어한 그는 영원히 결혼하지 않기로 결심한다. 그런데 오비디우스(Publius Ovidius Naso)의 『변신 이야기(Metamorphoses)』에 보면 피그말리온은 자신의 모든 정력, 열정, 사랑을 쏟아 밤낮없이 아름다운 소녀상을 조각한다.

마침내 조각상을 완성한 피그말리온은 마치 사랑하는 사람을 대하듯 조각상을 쓰다듬고 꾸며준다. 심지어 갈라테이아라는 이름을 지어주고 신에게 그녀가 자신의 아내가 되게 해달라고 기도한다. 사랑의 여신 아프로디테는 그의 진실함에 감동을 받아 조각상에 생명을 불어넣었고 두 사람은 부부의 연을 맺었다. 영국 화가 월

장 바티스트 르노 〈피그말리온〉(1786) 베르사유궁

리엄 터너(William Turner)는 〈카르타고를 건설하는 디도(Dido building Carthage)〉(1815)를 그렸고, 프랑스 조각가 오귀스트 로댕(Auguste Rodin), 아일랜드 극작가 조지 버나드 쇼(George Bernard Shaw)는 피그말리온 형상을 묘사했으며 영화 〈마이 페어 레이디(My Fair Lady)〉(1964)는 '피그말리온 효과'라는 주제를 표현했다. 즉, 우리가 어떤 일을 강하게 기대하면 기대했던 그 일이 일어난다는 것을 보여준 것이다.

경영 분야에서는 탁월한 경영자가 피그말리온 효과를 이용해 직원들의 투지를 고취함으로써 커다란 경제 효과를 창출했다. 제너럴 일렉트릭의 CEO 잭 웰치(Jack Welch), '철강왕' 카네기(Andrew

Carnegie), '경영의 신' 마쓰시타 고노스케(松下幸之助)가 그 대표적인 예다.

디도 여왕이 땅을 차지한 이야기는 러시아의 대문호 레프 톨스토이(Lev Nikoláyevich Tolstóy)의 영감을 불러일으키기도 했다. 그는 수학 애호가였고 수학문제를 문학 작품에 반영하는 것을 좋아했다. 대표적으로 그는 단편소설『사람에게는 얼마나 많은 땅이 필요한가?(How Much Land Does a Man Need?)』(1886)에서 수학 지식을 교묘하게 활용해 탐욕스러운 주인공을 풍자했다. 마지막에 가면 비극적인 분위기도 느껴진다.

소설 속 주인공 바흠은 특이한 땅 판매업자를 만난다. 누구든 1,000루블을 지불하고 해가 떠서 서산으로 질 때까지, 즉 어두워지기 전에 출발점으로 돌아오기만 하면 그가 걸어간 만큼을 둘러싼 땅을 전부 주겠다는 것이었다. 하지만 출발점까지 돌아오지 못하면 땅을 얻기는커녕 1,000루블을 잃는 조건이었다.

바흠은 1,000루블을 지불한 뒤 날이 밝자마자 성큼성큼 걷기 시작했다. 그는 먼저 직선을 따라 10베르스타(1베르스타는 약 1.07킬로미터)를 걷다가 직각으로 좌회전해 상당 거리를 걸었다. 그러다가 다시 수직으로 좌회전해 2베르스타만큼 걸었다. 어느 순간 날이 어둑해지는 걸 깨달은 바흠은 출발점을 향해 뛰기 시작했다. 그는 15베르스타를 뛰어 해질 무렵 출발점으로 돌아왔지만 두 다리가 풀리면서 바닥에 고꾸라졌다. 결국 바흠은 피를 토하며 숨을 거두고 말았다.

이 소설은 어렵지 않은 기하 문제를 보여준다. 바흠이 걸어간 경로는 윗변 2, 밑변 10, 빗변 15(단위는 모두 베르스타)인 직각사다리꼴을 만든다. 이 사다리꼴의 둘레와 넓이는 얼마일까? 피타고라스 정리를 배운 사람이라면 사다리꼴의 높이와 넓이를 계산할 수 있을 것이다. 바흠이 살아 있었다면 그는 약 86.72제곱킬로미터의 땅을 얻었으리라!

이 직각사다리꼴의 둘레를 계산하면 39.7베르스타가 나오는데 이를 킬로미터로 환산하면 흥미롭게도 42.195킬로미터다. 마라톤 경기에서 뛰는 거리와 일치한다! 기원전 490년 고대 그리스 병사 페이디피데스(Pheidippides)는 페르시아제국 군대를 이긴 뒤 아테네까지 달려가 승리했음을 알리고 바닥에 쓰러져 숨졌다. 바흠 역시 그 병사가 달린 거리만큼 뛴 다음 지쳐서 세상을 떠났다.

톨스토이는 독창적이기도 했지만 수학적 소양도 남달랐던 모양이다. 만약 바흠이 직각사다리꼴이 아닌 다른 경로로 달렸거나 조금씩 많은 길을 걸었다면 같은 크기의 땅을 얻었을지도 모른다. 이것이 바로 디도 여왕이 마주한 변분법 문제인데 정답은 원이다. 이와 유사한 문제로 '어떤 모양의 용기를 사용해야 최대한 많은 액체나 기체를 담을 수 있을까?'가 있는데 정답은 구(球)다. 만약 바흠이 처음 걸은 경로가 원이었다면 33킬로미터 정도만 걸어도 약 86.72제곱킬로미터를 얻었을 테고 지쳐서 숨을 거두는 일은 없었을 것이다.

3

대칭수와
가쿠타니 추측

고등 산술(수론)은 대부분의 수학 로맨스를 포괄하는 것처럼 보인다.

— 루이스 조엘 모델

회문수 또는 대칭수

'회문(回文)'이란 앞으로 읽으나 뒤로 읽으나 같은 문장을 가리킨다. 이는 동서고금을 막론하고 항상 있었던 수사 방식이자 문자 놀이다. 예를 들면 '我爲人人, 人人爲我' 같은 것이 있다. 영어의 'Race car', 'Step on no pets', 'Put it up' 같은 문장도 회문이다. 스페인어 'Amor Roma' 역시 회문에 해당한다.

재밌게도 수학에는 대칭수 게임이 있다. 850년 무렵 인도 수학자 마하비라는 인도 최초의 산술서 『산술요론(Ganita-Sāra-Sangraha)』을 썼고 이 책은 1912년 영어로 번역되었다. 남인도에서 널리 사용한 이 책에 대칭수가 나온다. 대칭수란 두 정수를 서로 곱했을 때 곱한 숫자에 중심 대칭이 나타나게 하는 것을 말한다. 마하비라는 여러 대칭수를 찾아냈는데 예를 들면 다음과 같다.

14 287 143 × 7 = 100 010 001

12 345 679 × 9 = 111 111 111

$$27\ 994\ 681 \times 441 = 12\ 345\ 654\ 321$$

대칭수는 영어로 palindromic number라고 하고 아라비아인은 『아라비안나이트(One Thousand and One Nights)』에서 이야기를 들려주는 왕비 셰에라자드를 따서 '셰에라자드 수'라고 불렀다. 사실 1001(=143×7) 자체도 회문수다.

거듭제곱 수에도 $11^2 = 121$, $7^3 = 343$, $11^4 = 14\ 641$처럼 회문수가 많다. 5차 또는 그 이상의 차수로 거듭제곱한 대칭수는 아직까지 찾지 못했다. 이에 따라 다음과 같은 가설이 생겼다.

가설 $n^k(n \geq 2,\ k \geq 5)$처럼 생긴 대칭수는 존재하지 않는다.

4자리 대칭수와 6자리 대칭수에는 한 가지 특징이 있는데 그것은 절대 소수일 수 없다는 것이다. 예를 들어 $\overline{abba}$는 $1000a+100b+10b+a=1001a+110b$이며 11로 나누어떨어진다.

만약 대칭수가 동시에 어떤 수의 제곱이기도 하면 제곱대칭수라고 부른다. 1000 이내의 자연수 중 대칭수는 108개지만 제곱대칭수는 1, 4, 9, 121, 484, 676 이렇게 6개뿐이다. 1000 이내의 제곱수가 31개밖에 없다는 점을 고려하면 대칭수 비율은 꽤 높은 편이다. 어떤 수는 자신과 역순인 수와 서로 더하면 대칭수가 나온다. 이를테면 29+92=121이다. 자신과 역순인 수를 거듭 더했을 때 대칭수가 나오는 경우도 있다. 194+491=685, 586+685=1271,

1271+1721 =2992가 그 예다. 그래서 다음과 같은 문제가 생겼다.

문제 어떤 자연수를 자신과 역순인 수와 더하고 여기서 얻은 수를 다시 자신과 역순인 수와 더한다. 이 과정을 반복하면서 제한된 단계를 거치면 마지막에 반드시 대칭수를 얻을 수 있을까?

반드시 짚고 넘어가야 할 것은 196처럼 이런 특징을 보이지 않는 수도 있다는 점이다. 컴퓨터가 등장하기 전인 1938년 미국 수학자 데릭 헨리 레머는 직접 73번째 단계까지 계산했다. 2006년 컴퓨터는 699만 번째 단계까지 계산해 합이 2억 8,900만 자리인 수를 얻었다. 2015년에는 합이 10억 자리에 달했지만 대칭수를 얻지는 못했다. 계속 연산하면 대칭수를 얻을 수 있을까? 사람들은 얼마나 더 연산해야 대칭수를 얻을 수 있는지 알지 못했다.

영원히 대칭수를 얻을 수 없는 자연수를 라이크렐 수(Lychrel number)라고 부른다. 196은 가장 작은 라이크렐 수라서 특히 주목을 받았다. 이 이름의 유래도 상당히 흥미롭다. 라이크렐 수를 발명한 웨이드 반 랜딩엄(Wade Van Landingham)은 당시 여자친구의 영문명 셰릴(Cheryl)의 철자 위치를 바꿔 이름을 붙였다.

196과 다른 수가 라이크렐 수일 경우 그 뒤로 나타나는 합도 라이크렐 수다. 이는 라이크렐 수가 하나라도 있으면 무수히 많은 라이크렐 수가 있다는 뜻이다. 그 밖에 대칭수 계산 단계와 관련된 세계 기록이 있다. 그 주인공은 19자리인

1,186,060,307,891,929,990인데 이 숫자의 대칭수는 261단계 계산을 거쳐 2005년 11월 30일 완성되었다.

황당하게 쏟아지는 우박

자연수에는 무궁무진한 신비가 들어 있다. 100여 년 전 영국 수학자 루이스 조엘 모델은 에세이에 다음과 같이 적었다.

"수론은 비길 데가 없다. 정수와 각양각색의 결론, 아름다움과 논증의 풍부함 때문이다. 고등 산술(수론)은 대부분의 수학 로맨스를 포괄하는 것처럼 보인다."

이는 가우스가 프랑스 수학자 마리 소피 제르맹(Marie-Sophie Germain, 1776~1831)에게 보내는 편지에서 "이런 순수한 연구는 그것을 연구할 용기가 있는 사람에게만 가장 매혹적인 마력을 보여준다"라고 쓴 것과 같다.

전 세계 금과 다이아몬드는 언젠가 다 캐내 고갈되겠지만 수론은 아무리 캐내도 다함이 없는 진귀한 보물이다. 앞서 우리는 대칭수의 성질과 라이크렐 수에 존재하는 가능성을 살펴보았다. 이제부터 다루려는 가쿠타니 추측에도 유사한 상황이 존재한다. 1로 돌아올 수 없는 반례는 존재하는가? 이 일은 어느 한 기사로부터 이야기를 시작해야 한다.

1976년 어느 날 『워싱턴 포스트(The Washington Post)』는 1면 톱기사

로 수학 관련 이야기를 실었다.

1970년대 중반 미국의 여러 명문대학교 캠퍼스에서 사람들이 정신 나간 것처럼 먹고 자는 것도 잊은 채 밤낮없이 어떤 수학 게임을 한다는 것이었다. 이 게임은 아주 단순했다. 임의로 자연수 n을 하나 적고 다음 규칙에 따라 바꾸는 것이다.

만약 n이 홀수면 다음에 오는 수는 $3n+1$로 변하고 만약 n이 짝수면 2분의 n으로 변한다.

예를 들면 다음과 같다.

$3 \rightarrow 10 \rightarrow 5 \rightarrow 16 \rightarrow 8 \rightarrow 4 \rightarrow 2 \rightarrow 1$;

$7 \rightarrow 22 \rightarrow 11 \rightarrow 34 \rightarrow 17 \rightarrow 52 \rightarrow 26 \rightarrow 13 \rightarrow 40 \rightarrow 20 \rightarrow 10 \rightarrow 5 \rightarrow 16 \rightarrow 8 \rightarrow 4 \rightarrow 2 \rightarrow 1$.

수학 전공자든 비전공자든 학생, 교수, 실험자 모두가 잇달아 게임에 동참했다. 이 게임이 이토록 사람들의 관심을 끈 이유는 무엇일까? n이 어떤 숫자든 결국 1로 돌아오는 운명을 벗어날 수 없음을 발견했기 때문이다. 다시 말해 4-2-1 순환에 빠져 영원히 이 숙명을 벗어날 수 없다.

이것이 바로 유명한 '우박수(hailstone number)'로 우박수의 가장 큰 매력은 예측 불가능성이다. 영국 수학자 존 콘웨이(John Horton Conway, 1937~2020)는 자연수 27을 찾아냈다. 27은 평범해 보이는 수지만 위 방법으로 연산하면 수가 커졌다 작아졌다를 반복하다가 급격히 변한다. 27은 77번째 단계에서 9,232로 최고치를 찍은 뒤 34단계를 지나 최저한도인 1이 된다.

전체 변환 과정은 111단계고 최고치인 9,232는 27의 342배다. 만약 직선이 폭포처럼 하락하면(2의 n제곱) 이 최고치와 크기가 비슷한 8,192(2의 13제곱)는 13단계만 거쳐도 1에 도달한다. 1부터 100까지 범위에서 27과 27의 2배인 54의 변동이 가장 심하다.

이 우박수 문제가 유명한 $3x+1$ 문제다. 1937년 독일 수학자 로타르 콜라츠(Lothar Collatz, 1910~1990)는 다음 수론 함수를 고려했다.

$$f(x) = \begin{cases} \dfrac{x}{2}, & x가 \ 짝수 \\[2mm] \dfrac{3x+1}{2}, & x가 \ 홀수 \end{cases}$$

그는 임의의 자연수 x로 제한적인 반복 연산을 거치면 $f(x)$가 모두 1이 된다고 추측했는데 이때 반복 횟수를 x의 정지시간(stopping time)이라 불렀다. 이것이 바로 콜라츠 추측(Collatz conjecture)이다.

콜라츠 추측은 울람 추측, 시러큐스 문제 등 여러 가지 이름으로 불린다. 세계 각지에서 많은 사람이 이 문제를 제기했기 때문이다. 중국에서는 일본에서 태어난 미국 수학자 가쿠타니 시즈오(角谷静夫)의 이름을 따 가쿠타니 추측이라고 부르는 경우가 많다. 그 역시 이 추측을 제기했다.

가쿠타니 추측의 일반화

x가 3×2^{50} 보다 크지 않을 때 가쿠타니 추측이 모두 성립한다는 것을 검산한 사람이 있긴 하지만 지금까지 이를 증명하거나 부정할 수 있는 사람은 아무도 없었다. 심지어 헝가리 수학자 에르되시 팔은 기존 수학 방식으로는 가쿠타니 추측을 완전히 증명할 수 없다고 생각했다. $qx+1$(q는 3보다 큰 홀수)이나 $3x-1$과 유사한 문제의 일반화를 고려해도 가능성이 없다고 여겼다. 바꿔 말하면 추측의 자연스러운 일반화는 존재하지 않는다는 것이었다. 이렇게 단언한 사람은 바로 $x=27$일 때 '우박 현상'이 있음을 발견한 존 콘웨이였다.

최근 나는 한 고등학교 교사와 서신을 주고받으며 새로운 탐색을 했다. 우리는 먼저 x가 홀수면 $3x+1$은 반드시 짝수고 이 경우 다음 단계는 $(3x+1)/2$이어야 한다는 데 주목했다. 이때 문제를 아래 등가인 수론 함수로 바꿀 수 있다.

$$g(x) = \begin{cases} \dfrac{x}{2}, & x \text{가 짝수} \\ \left[\dfrac{3}{2}x\right]+1, & x \text{가 홀수} \end{cases}$$

여기에서 $[x]$는 x를 넘지 않는 최대 정수거나 x라고 부르는 정수 부분(가우스 함수라고 부르는 사람도 있다)이다. x는 $[e]=2$, $[-\pi]=-4$처럼 임의의 실수를 취할 수 있다. 함수 $f(x)$와 $g(x)$가 등가인 이유는

$x=2s+1$이면 $\left[\dfrac{3}{2}x\right]+1=\left[\dfrac{6s+3}{2}\right]+1=3s+2=\dfrac{3x+1}{2}$이기 때문이다.

상술한 등가 정의가 있을 경우 가쿠타니 추측을 일반화할 수 있다.

우리는 임의의 자연수 c를 다음과 같이 정의한다.

$$g_c(x)=\begin{cases}\dfrac{x}{2},\ x\text{가 짝수}\\[2mm]\left[\dfrac{c+2}{c+1}x\right]+1,\ x\text{가 홀수}\end{cases}$$

$c=1$일 때 $g_1(x)=g(x)$고 이는 곧 $3x+1$ 문제다. c가 짝수일 때 $c+2$는 반례다. $c=3$일 때 반례 $n=37$이 존재한다. 즉 {37, 47, 59, 74}가 순환한다. 이 네 개 중 어느 하나도 1이 될 수 없다. c가 3보다 큰 홀수일 때 $g_c(x)$는 1이 될 수 있다. 우리는 $c\leq50\ 000$인 홀수에 대해 $x\leq10^7$면 결론이 성립한다는 것을 이미 검증했다.

상응하는 $3x-1$ 문제의 경우 1로 귀결될 수 없다. 실제로 많은 자연수가 {5, 7, 10}과 {17, 25, 37, 55, 82, 41, 61, 91, 136, 68, 34} 이 두 가지 순환 중 하나로 귀결된다. 그렇지만 우리는 먼저 $3x-1$ 문제를 아래 등가 형식으로 바꿀 수 있다.

$$h(x)=\begin{cases}\dfrac{x}{2},\ x\text{가 짝수}\\[2mm]\left[\dfrac{3}{2}x\right],\ x\text{가 홀수}\end{cases}$$

우리는 다음과 같이 정의하면 모든 자연수가 1로 귀결되도록 만들 수 있음($x \leq 10^{12}$인 범위에서 검증했다)을 발견했다.

$$i(x) = \begin{cases} \dfrac{x}{2}, & x\text{가 짝수} \\ \left[\dfrac{4}{3}x\right], & x\text{가 홀수} \end{cases}$$

오리지널 $3x+1$ 문제에도 아래와 같은 일반화가 존재한다. k를 임의의 자연수라 가정하고 함수를 고려하면 다음과 같다.

$$f_k(x) = \begin{cases} \dfrac{x}{2}, & x\text{가 짝수} \\ \dfrac{3x+3^k}{2}, & x\text{가 홀수} \end{cases}$$

여기서 임의의 자연수 x로 제한적인 반복 연산을 거치면 $f_k(x)$가 모두 3^k이 된다고 추측할 수 있다. 특별히 $k=0$일 때는 $3x+1$ 문제가 된다.

4

뷔퐁의 실험과
몬테카를로

글은 사람이다. 글쓰기 능력은 사상, 감각, 표현, 분명한 마음,
후각과 영혼을 포함한다.

— 조르주 루이 르클레르 콩트 드 뷔퐁

재미있는 바늘 실험

18세기 어느 날 프랑스 박물학자 뷔퐁(Georges-Louis Leclerc, Comte de Buffon, 1707~1788)은 많은 친구를 자신의 집으로 초대해 함께 실험을 했다. 뷔퐁은 먼저 테이블 위 커다란 백지에 같은 거리에 있는 평행선을 가득 그린 뒤 길이가 같은 바늘을 잔뜩 꺼냈다. 바늘 길이는 서로 인접한 평행선 간격의 딱 절반이었다. 뷔퐁이 말했다.

"다들 여기 있는 바늘을 백지 위로 아무렇게나 던져주게!"

손님들은 뷔퐁의 요구대로 행동했다. 그들이 던진 바늘은 모두 2,212개였다. 종이 위의 평행선과 서로 만나는 바늘이 704개라서 2212÷704≒3.142라는 통계 결과가 나왔다. 뷔퐁이 말했다.

"이 수는 π의 근사치다. 실험할 때마다 원주율의 근사치를 얻을 수 있고 던지는 횟수가 많아질수록 원주율의 근사치는 정확해진다."

이것이 바로 유명한 '뷔퐁 실험'이다. 뷔퐁은 선택한 바늘 길이를 고정할 경우 유리한 던지기(던진 바늘이 평행선과 서로 만나는 상황)와 불리한 던지기(던진 바늘이 평행선과 서로 만나지 않는 상황) 횟수의 비가 π를 포함한 표현식임을 발견했다. 특별히 바늘 길이가 평행선 거리의 절반이면 유리한 던지기가 나올 확률은 π분의 1이다.

뷔퐁의 바늘 문제 실험 데이터

다음은 이 공식을 이용한 것으로 확률을 써서 얻은 원주율의 근사치를 보여준다.

뷔퐁 실험 데이터

실험자	연도	던진 횟수	평행선과 만나는 수	원주율 근사치
울프 (Wolf)	1850	5000	2532	3.1596
스미스 (Smith)	1855	3204	1218.5	3.1554
드모르간 (De Morgan)	1860	600	382.5	3.137
폭스 (Fox)	1884	1030	489	3.1595
라체리니 (Lazzerini)	1901	3408	1808	3.1415929
레이나 (Reina)	1925	2520	859	3.1795

이 중 이탈리아인 라체리니는 1901년 바늘을 3,408회 던졌고 원주율 근사치가 3.1415929로 소수점 아래 6자리까지 정확했다. 물론 미국 유타주 웨버주립대학교 배저스 교수가 이 실험 데이터에 의문을 제기한 바 있다. 어쨌든 기하, 확률, 미적분 등 다양한 분야와 방법으로 π값을 구할 수 있다는 것은 놀라운 일이다.

뷔퐁의 바늘 던지기 실험은 기하 방식으로 확률 문제를 표현한 첫 예시이자 무작위 실험으로 확정성을 처리한 최초의 수학문제다. 이 실험은 확률론 발전을 촉진했다.

뷔퐁의 바늘 문제 증명

철사 한 줄로 동그라미를 만들어 직경이 두 평행선의 간격 d와 똑같게 한다. 이런 동그라미라면 어떻게 던져도 평행선과 두 점에서 만난다는 걸 짐작하기가 어렵지 않다. 이 두 교점은 한 평행선 위에 있을 수도 있고 두 평행선 위에 있을 수도 있다. 따라서 동그라미에 바늘을 던진 횟수를 n이라고 하면 교점의 총 개수는 반드시 $2n$이 된다.

이제 동그라미를 펼쳐 길이가 πd인 철사로 바꾼다. 이 철사가 바늘을 던진 후 평행선과 만나는 상황은 동그라미였을 때보다 확실히 복잡하다. 교점이 각각 4개, 3개, 2개, 1개, 0개로 총 5가지 상황이 발생한다.

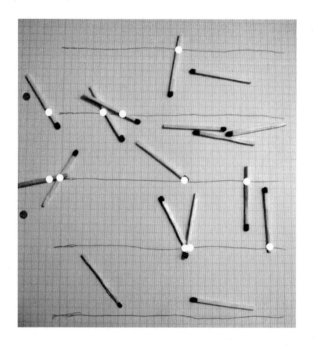

동그라미와 직선 길이가 πd 로 같기 때문에 기회 균등의 원리에 따라 바늘을 던지는 횟수가 많고 대등하면 동그라미와 직선이 평행선과 만나는 교점의 총 기댓값은 같다. 다시 말해 바늘을 n번 던졌을 때 길이가 πd 인 철사가 평행선과 만나는 교점의 총수는 약 $2n$개다.

철사 길이가 l인 상황을 살펴보자. 던지는 횟수 n이 커질수록 철사와 평행선이 만나는 교점의 총수 m은 길이 l과 정비례한다. 결국 $m=kl$이고 k는 비례계수다. k를 구하기 위해 $l=\pi d$인 특수한 상황을 고려하면 $m=2n$이 된다. 여기서 다음 식을 얻을 수 있다.

$$k=\frac{2n}{\pi d}$$

위 식($m=kl$)을 대입하면 아래 식을 얻는다.

$$\frac{m}{n}=\frac{2l}{\pi d}$$

$l=d/2$면 뷔퐁의 결과를 얻을 수 있다. 즉 $m/n=1/\pi$ 이 되는데 이 증명에는 직관적 요소가 포함되어 있다. 고등수학을 배운 뒤 확률론과 미적분을 이용하면 보다 분명하게 증명할 수 있다.

왕립식물원 원장

프랑스 부르고뉴 지역의 말단 관리 집안에서 태어난 뷔퐁은 열여섯 살에 디종에 있는 학교에 다녔다. 그는 수학을 좋아했지만 아버지의 명령에 따라 법률을 공부할 수밖에 없었다. 이는 그와 동년배인 스위스 수학자 오일러의 경험과 비슷하다. 당시 오일러는 디종에서 멀지 않은 바젤대학교에 다녔는데 아버지의 뜻에 따라 신학과 히브리어를 전공했다. 당시에는 지위가 높은 집안 출신이 아니면 목사, 의사, 변호사가 그나마 마음 편히 생활할 수 있는 3대 직업이었기 때문이다. 그렇지만 오일러는 특별히 수학에 관심을 보였다.

오일러는 스무 살에 혼자 러시아의 상트페테르부르크 과학원에 갔다. 처음에는 의학부에 있었고 나중에는 수리학부로 자리를 옮겼다. 깊이 있는 탐구와 노력 덕분에 그는 17세기의 가장 위대한 수학자가 되었고, 역사상 가장 위대한 수학자 4명 중 한 명이라고 칭송받았다. 뷔퐁은 스물한 살에 프랑스 서부에 있는 앙제대학교에서 의학, 식물학, 수학을 공부했다. 이 시기에 유럽 대륙을 여행하던 한 영국 공작을 사귄 뷔퐁은 그를 따라 여러 지방을 다니고 영국도 몇 번 방문했다. 이후 그는 영국 왕립학회 회원이 되었다.

스물다섯 살에 고향으로 돌아와 농장을 경영한 뷔퐁은 파리를 자주 방문해 볼테르를 비롯한 지식인을 사귀었다. 여기에다 스스로 방대한 양의 저술을 했다. 그는 글쓰기 능력은 사상, 감각, 표현, 분명한 마음, 후각과 영혼을 포함한다고 생각했다. 마흔여섯 살이 되던 해 뷔퐁은 프랑스 학사원 회원이 되었고 20세기 수학 천재 앙리 푸앵카레(Henri Poincaré, 1854~1912)와 마찬가지로 과학과 인문 두 분야의 정점에 섰다.

뷔퐁은 서른두 살에 파리 왕립식물원 원장으로 임명되었으며 죽을 때까지 그 자리를 지켰다. 그는 식물원을 학술과 연구센터로 만들기 위해 애썼고 세계 각지에서 새로운 식물·동물 표본을 얻거나 구매했다. 또한 그는 박물학자라는 신분과 자연사 분야 저작

조르주 루이 르클레르 콩트 드 뷔퐁

으로 명성을 떨쳤으며 '글은 사람이다'라는 그의 이념이 대대로 전해졌다.

뷔퐁은 지질사의 시대를 구분해야 한다는 의견을 처음 제기했고 태양이 혜성과 충돌할 때 행성이 생긴다는 이론도 발표했다. 그뿐 아니라 가장 먼저 종 소멸설을 제기하고 고생물학 연구를 촉진했다. 그는 신세계(아메리카대륙을 가리킴)의 종(種)은 유라시아대륙보다 못한데 그 이유는 크고 강한 종이 부족해서라고 말했다. 사내다운 남자가 유럽보다 적은 것도 아메리카대륙 늪지의 냄새와 무성한 삼림 때문이라고 여겼다. 그의 이런 주장에 격노한 토머스 제퍼슨(Thomas Jefferson, 재임 1801~1809)은 뉴햄프셔주 밀림의 수컷 고라니를 찾아내 뷔퐁에게 '아메리카대륙 네 발 짐승의 웅장함과 위엄'을 보여주었다.

뷔퐁은 여든한 살까지 살았고 말년에 미국 예술 과학 아카데미 외국인 회원이 되었다.

몬테카를로법

앞에서 언급한 뷔퐁의 바늘 던지기 실험처럼 확률 실험으로 확률 변수의 기댓값을 예측하는 것을 몬테카를로법이라고 부른다.

몬테카를로법은 제2차 세계대전 기간 동안 미국이 맨해튼 계획을 실행할 때 제시된 것으로 그 공로는 폴란드인 스타니슬라프 울람(Stanisław Marcin Ulam, 1909~1984)과 헝가리인 폰 노이만에게 돌아갔다. 폰 노이만은 이 방법에 도박의 도시 몬테카를로의 이름을 붙여 베일에 싸인 듯한 신비스러운 느낌을 더했다. 실은 그 이전에 이미 뷔퐁 실험처럼 몬테카를로법이 존재했다. 현재 몬테카를로법은 원자물리학, 고체물리학, 화학, 생태학, 사회학, 행동경제학 분야에서 광범위하게 응용하고 있다. 그러면 다음의 두 가지 예시를 살펴보자.

예시 1 뷔퐁 실험을 일반화해 둔각삼각형 길이를 이용해서 원주율을 계산한다.

임의의 정수 3개가 주어졌을 때 이들 정수를 변의 길이로 해서 둔각삼각형을 만들 수 있는 확률 P 역시 π와 관련이 있다. 이 확률은 $(\pi-2)/4$이며 증명은 다음과 같다.

이 세 정수가 x, y, z이고 $x \leq y \leq z$라고 가정한다. 확정한 모든 z에 대해 삼각형 한 변의 길이가 다른 두 변의 길이를 합한 것보다 작다는 점을 고려하면 다음 식을 충족한다.

$$x+y>z, \quad x^2+y^2<z^2$$

뒤의 부등식이 성립하는 이유는 둔각삼각형과 피타고라스 정리 때문이다. 우리는 이 두 부등식이 세 정수를 변의 길이로 해서 둔각삼각형을 만들 수 있는 필요충분조건이라는 것을 증명했다. 이에 따라 가정한 조건을 충족하는 (x, y)의 가용 영역은 직선 $x+y=z$와 원 $x^2+y^2<z^2$로 둘러싸인 활 모양이고, (x, y)의 총 가용 영역은 한 변의 길이가 z인 정사각형이다. 세 정수를 변의 길이로 해서 둔각삼각형을 만들 수 있는 확률은 다음과 같다.

$$P=\frac{\text{활 모양 면적}}{\text{정사각형의 면적}}=\frac{\dfrac{\pi z^2}{4}-\dfrac{z^2}{2}}{z^2}=\frac{\pi-2}{4}$$

결국 이 확률이 z의 선택과 무관하다는 것을 알 수 있다. 임의의 정수 x, y, z에 대해 $P = (\pi - 2)/4$가 성립하며 명제는 증명되었다.

π의 값을 추산하려면 실험으로 이 확률을 추정해야 하는데 그 과정은 컴퓨터 프로그램으로 실현할 수 있다. 실제로 $x + y > z$, $x^2 + y^2 < z^2$는 $(x + y - z)(x^2 + y^2 - z^2) < 0$와 등가다. 이 경우 뒤의 부등식이 성립하는지만 검증하면 된다. 만약 무작위로 m번 실험하고 이 부등식을 n번 충족한다면 m이 충분히 클 때 n/m은 $(\pi - 2)/4$에 가까워진다. 만약 $n/m = (\pi - 2)/4$가 되게 하면 $\pi = 4n/m + 2$을 구할 수 있고 이로써 π의 근사치 예측이 가능하다.

예시 2 몬테카를로법을 이용해 윗변이 곡선인 사다리꼴 연못 면적을 구한다.

몬테카를로법의 기본 개념은 다음과 같다. 먼저 확률모형을 세워 구하는 문제의 해를 이 모형의 매개변수나 다른 관련된 고윳값으로 만든다. 그런 다음 여러 번 무작위 추출 실험(*m*과 *n*을 확정한다)을 모방해 이 사건이 일어날 백분율을 계산한다. 실험 횟수가 충분히 많기만 하면 이 백분율은 사건이 일어날 확률과 비슷한데 사실상 이것이 확률의 통계학 정의다.

몬테카를로법은 실험수학의 일종으로 적용 범위가 광범위해서 확정성 문제와 통계학 문제의 해답을 모두 구할 수 있다. 심지어 과학 연구에서 이론 문제를 탐구할 수도 있다. 예시 2는 어떻게 하면 몬테카를로법을 이용해 정적분 근사치를 계산할 수 있는지 알려주는데 이는 수치적분 문제에 해당한다. 그러면 윗변이 곡선인 사다리꼴 모양의 연못 면적은 어떻게 계산해야 할까? 설계 방법은 이렇다.

다음 그림처럼 면적을 알고 있는 직사각형 농경지의 중앙에 연못이 있다고 가정한다. 이 농경지를 향해 무작위로 진흙을 던지면 그것은 물보라를 일으킬 수도 있고(연못 안에 떨어질 경우) 아닐 수도 있다(연못 밖에 떨어질 경우). '물보라를 일으키는' 진흙의 수가 총 진흙 수에서 차지하는 백분율로 농경지 면적에 따라 연못 면적의 근사치를 계산해낼 수 있다.

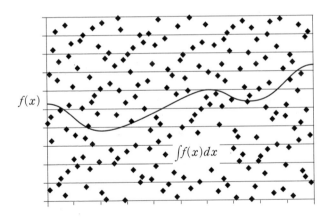

몬테카를로법으로 계산한 윗변이 곡선인 사다리꼴 연못 면적

5

공 쌓기 문제와
케플러의 추측

이토록 미묘한 수학 증명은 신이 만든 것일 수밖에 없다.
수학자는 운 좋게 그것을 발견한 것뿐이다.

— 에르되시 팔

탐험가 겸 작가 롤리

16세기 후반 영국 탐험가 월터 롤리(Sir Walter Raleigh, c. 1552~1618)
는 한 시대의 풍운아라고 할 만한 인물이다. 엘리자베스 1세(Elizabeth
I, 재위 1558~1603) 여왕의 총애를 받은 그는 서른한 살에 기사 작위
를 받았지만 여왕의 후계자 제임스 1세(James I, 재위 1603~1625) 때 모
반죄로 런던타워에 수감되었다가 결국 참형을 당했다.

롤리는 어릴 때 프랑스 종교전쟁에 참여했고 옥스퍼드대학교
를 졸업한 뒤에는 아일랜드인 봉기를 진압하는 데 가담했다. 당시
그는 아일랜드인을 대하는 영국의 정책을 솔직히 비판하면서 엘
리자베스 여왕의 시선을 끌었다. 여왕은 롤리의 재능을 높이 평가
했고 그의 인간적인 매력에도 매료되었다.

롤리는 여왕 밑에서 주석광 책임자, 해군중장, 의원, 왕궁 호위
장, 저지섬 총독 등의 직책을 맡았으나 여왕 몰래 그녀의 시녀와
결혼해 아이를 낳는 바람에 여왕의 총애를 잃고 말았다.

항해하는 데 쓰기 위해 수학, 화학, 의술을 배운 그는 여왕과 사

이가 틀어지기 전에 식민지 개척자를 원격 지휘해 미국 노스캐롤라이나주와 버지니아주에 식민지를 세웠다. 노스캐롤라이나주 연해에 있는 로어노크섬은 원래 신대륙에서 영국인이 최초로 정착한 곳이었다. 그런데 안타깝게도 신대륙에서 태어난 최초의 영국 아기 버지니아 데어(Virginia Dare)를 포함한 이민자 116명이 어느 날 갑자기 사라졌고 이는 지금까지 미스터리로 남아 있다. 그때는 '메이플라워호(Mayflower, 1620년 영국에서 미국으로 처음 이민을 간 청교도가 타고 간 선박.—옮긴이)'가 매사추세츠주로 향하던 시기와 50여 년 정도 차이가 있다.

오늘날 노스캐롤라이나주의 주도인 롤리는 월터 롤리의 이름을 따서 지은 것이다. 로어노크섬에는 롤리요새국립사적지가 있는데 이 섬은 사라진 신생아의 이름(버지니아 데어)을 따서 지은 데어 카운티에 속한다. 흥미롭게도 똑같이 데어 카운티에 속하는 마을 키티 호크는 1903년 12월 17일 라이트 형제가 최초로 시범 비행에 성공한 지역이다.

1594년 롤리는 남아메리카에 금광이 있다는 말에 다시 바다를 건너기로 했다. 지난번 식민 작전에서 실패한 이유는 탄약이 부족했기 때문이라고 생각한 그는 이번에는 충분한 식량, 물, 화약, 총탄, 포탄을 준비하기로 했다. 그 시절 포탄은 모두 직경이 같았다. 롤리는 과학고문이자 수학자인 토머스 해리엇(Thomas Harriot, c. 1560~1621)에게 한정된 공간에 포탄을 가능한 한 많이 쌓는 방법을 찾고 함대 탄창에 얼마나 많은 포탄을 쌓아둘 수 있는지 계산하라고 명했다. 바로 여기서 공 쌓기 문제와 케플러의 추측이 나오게 되는데 이것은 뒤에서 소개한다.

롤리가 이끄는 원정군은 가이아나에 도달한 후 오리노코강을 따라 스페인 식민지 내륙까지 항해했다. 스페인인이 기록한 문서와 북미 원주민의 전설에 따라 롤리는 남아메리카에 '황금 도시'가 있다고 믿었다. 그는 금광을 찾았지만 그가 식민지를 개발할 만한 곳은 없었다.

결국 발길을 돌릴 수밖에 없었던 롤리는 영국으로 돌아와 『가이아나의 발견(The Discovery of Guiana)』(1596)이라는 책을 출판했다. 가이아나는 남미대륙 동북부에 있는데 서쪽으로는 베네수엘라와 인접하고 남쪽으로는 브라질과 만난다. 전체 인구는 70여만 명에 불과하지만 가이아나의 국토 면적은 거의 영국 본토에 상당한다. 1966년 영국에서 독립한 가이아나 협동 공화국이 라틴아메리카 20개국 중 영어를 공식 언어로 쓰는 유일한 국가라는 사실은 롤리에게 그나마 위안이 될지도 모른다.

롤리는 영국 국왕이 밉보이고 싶어 하지 않던 스페인에 실례를 범한 일이 빌미가 되어 처형을 당했다. 롤리가 사망한 이후 사람들은 그가 560행의 유작시를 포함해 많은 문학 작품을 남겼음을 발견했다. 그 밖에도 롤리는 여러 편의 산문과 창세기부터 기원전 2세기까지 역사를 정리한 『세계사(The History of the World)』(1614)를 남겼다.

사형되기 전 롤리

가정교사 해리엇

토머스 해리엇은 롤리가 가이아나로 원정을 떠날 때 수석 과학 고문을 맡았다. 옥스퍼드에서 태어난 해리엇은 옥스퍼드대학교 세인트메리 칼리지에서 공부했는데 범상치 않은 수학 재능을 보인 덕분에 졸업 후 롤리 가문의 가정교사가 되었다.

해리엇은 롤리 가문의 선박 설계에도 참여했고 천문학 지식을 발휘해 선박 항법을 조언하기도 했다. 1585년 롤리는 해리엇을 신대륙의 로어노크섬에 보내 탐험하게 하고 과학고문으로 임명해 측량을 맡겼다. 해리엇은 훗날 버지니아주와 노스캐롤라이나주라고 불리는 지역의 지도를 작성했는데 그의 검사 보고서는 출간한 이후 여러 번 재인쇄했다.

해리엇이 영국으로 돌아오자 유명한 퍼시 가문의 일원으로 노섬벌랜드 백작인 헨리 퍼시(Henry Percy, 9th Earl of Northumberland)가 그를 고용했다. 그는 백작 집안에서 일하며 수학자, 천문학자, 번역가로서 많은 저술 활동을 했다. 특히 그는 북미 원주민 언어인 알곤킨어 번역에 능했다.

해리엇은 최초로 달 지도를 그렸는데 표시한 날짜를 보면 1609년 7월의 일이다. 이는 갈릴레이보다 4개월 앞선 것이다. 1607년 핼리 혜성 회귀는 해리엇의 주목을 끌었고 그는 직접 망원경을 제작해(구매했다는 설도 있다) 갈릴레이와 별개로 태양 흑점과 목성 위성을 발견했다. 그는 가장 먼저 빛의 굴절 이론을 발견하기도 했지만 발표하지는 않았다. 해리엇은 이미 생전에 명성을 얻은 천문학자이자 수학자였고 사람들은 1970년 달 표면의 운석공 하나를 그의 이름을 따서 명명했다.

수학자 해리엇은 영국 대수학학파 창시자로 인정받는다. 이 분야에서 해리엇이 남긴 거작 『해석학의 실제(Artis Analyticae Praxis)』 (1631)는 그가 죽고 10년이 지나서야 출판되었다. 그는 책에서 방정식 이론을 개선하고 근과 계수의 관계를 중시했으며 이미 알고 있는 근에서 어떻게 방정식을 만드는지 상세히 논술했다. 또 임의의 n차 방정식과 선형방정식 n개의 합이 등가라는 것도 보여주었는데 이는 가우스가 19세기에 증명한 대수학의 기본 정리에 가깝다. 특히 해리엇은 부등호 〉, 〈를 만들었고 이것은 지금까지도 쓰이고 있다.

앞서 말했듯 롤리는 해리엇에게 한정된 함대 안에 가장 많은 포탄을 쌓아둘 방법을 찾아내라고 했다. 그 임무를 맡은 해리엇은 금세 답을 내놓았다. 포탄을 쌓아두는 방법은 다음과 같다.

먼저 삼각형 모양으로 포탄을 가장 밑층에 배열하고 두 번째 층의 구심을 가능한 한 낮게 만든다. 이어 순서대로 층수를 늘리면 최대한 효과적으로 쌓을 수 있다. 이 방법을 사용할 경우 가장자리에 있지 않은 포탄이 12개 포탄과 서로 만난다. 즉, 같은 층에 6개, 위층과 아래층에 각각 3개씩 놓인다. 공 하나가 같은 크기의 공 13개와 만날 수 있는지를 두고 100년이 지나 뉴턴과 스코틀랜드 수학자이며 천문학자 제임스 그레고리(James Gregory, 1638~1675)가 논쟁을 벌였는데 만날 수 없다는 뉴턴의 답이 정확했다.

12개 접점이 형성한 십이면체는 구체 하나를 완전히 에워싸고 모든 십이면체는 공간 전체를 가득 채울 수 있다. 십이면체를 합동인 원추 12개로 나눌 경우 부피 $4\sqrt{2}$를 구할 수 있다. 아르키메데스의 구 부피 계산 공식을 따르면 단위 구체의 부피는 $4\pi/3$가 된다. 이 둘을 나눌 경우 쌓인 공의 밀도는 $\pi\sqrt{18}$이 된다. 독일인 케플러는 더 간단한 방법을 제시했는데 이는 뒤에서 소개하기로 하고 여기서는 평면 상황을 살펴보겠다.

2차원, 즉 평면 위에 원을 가득 채운다고 가정해보자. 우선, 모든 단위원과 크기가 같은 원 4개가 접하면 원 m행 n열 개의 직사각형 배열에서 원 면적 총합은 $mn\pi$고 직사각형 면적은 $4mn$이다. 따라서 두 값의 비는 $\pi/4$다. 평면 범위(작은 원의 반지름에 비해)가 충분히 크기만 하면 작은 원의 반지름 크기는 이 비율에 영향을 주지 않는다.

둘째, 모든 단위원과 크기가 같은 원 6개가 접하면 피타고라스 정리에 따라 행에 있는 모든 원의 높이는 $\sqrt{3}$이지만 한 행씩 건너 원이 하나씩 줄어든다. 결국 원의 면적 총합은 $m(2n-1)\pi/\sqrt{3}$이고 직사각형 면적은 여전히 $4mn$이다. 이에 따라 두 값의 비는 $\pi/\sqrt{12}$에 가깝고 첫 번째 배열 방식보다 더 긴밀하다. 물론 어떤 방법이든 구체를 쌓은 밀도보다 크다.

원자론 애호가이기도 한 해리엇의 이 학설은 고대 그리스 철학자 데모크리토스(Dēmókritos, c. 460~c. 370)에게서 비롯되었다. 데모

크리토스는 만물의 근원이 원자이며 원자는 나눌 수 없는 미립자로 전혀 틈이 없다고 믿었다. 해리엇은 공 쌓기 문제 연구가 물질 구조와 구성을 이해하는 데 도움을 준다고 생각했다. 1601년 무렵 그는 이 의견과 공 쌓기 문제를 자신보다 열한 살 어린 신성로마제국의 천문학자 케플러에게 편지로 알려주었다. 공교롭게도 그 시기 천체 이론 연구에 골몰하던 케플러에게는 미시 세계를 깊이 생각할 만한 시간적 여유도 흥미도 별로 없었다.

케플러의 눈송이와 추측

1571년 어느 겨울날 케플러는 독일 서남부의 뷔르템베르크공국(오늘날 바덴뷔르템베르크주의 일부)에서 태어났다. 아버지는 평범한 용병이었고 어머니는 작은 술집 사장의 싸우기 좋아하던 딸이었다. 케플러는 체구가 왜소하고 몸이 약해 잔병이 많았지만 재능이 특출한 그는 운 좋게 뷔르템베르크공국 영주가 빈곤 가정 영재들을 위해 설립한 장학금을 받게 되었다. 만약 장학금이 없었다면 양질의 교육을 받을 기회를 얻지 못했을 것이다.

열여섯 살에 튀빙겐대학교에 입학한 케플러는 이후에도 여러 번 행운이 따랐다. 첫째, 그의 천문학 교사는 독일에서 코페르니쿠스의 지동설을 믿은 유일한 사람이었다. 둘째, 그는 문학 학사와 석사 학위를 받았고 목사가 되려던 중 오스트리아 그라츠에 있는 김나지움에 수학 교사 자리를 추천받아 교사가 되었다. 셋째, 스물세 살 케플러는 학생들을 가르치다가 문득 기묘한 생각을 떠올렸다.

앞서 말했듯 고대 그리스인은 사면체, 육면체, 팔면체, 십이면체, 이십면체, 이렇게 5가지 정다면체(플라톤 다면체)만 있는 줄 알았다. 피타고라스부터 플라톤까지 모두 '수학조화론'을 신봉했는데 이는 케플러에게 하나의 깨달음을 안겨주었다. 그는 행성 운행 궤도도 아름다운 기하 도형일 거라고 믿었다.

독일이 발행한 케플러 기념우표

4년 후 케플러는 행성 운동의 제1법칙(모든 행성은 각각 크기가 다른 타원 궤도를 따라 움직인다)과 제2법칙(같은 시간 동안 행성의 동경(radius vector, 태양과 궤도상의 임의의 행성을 잇는 직선.—옮긴이)이 궤도 평면을 휩쓰는 면적은 같다)을 발견했다. 이 두 법칙과 이후 발견한 제3법칙은 그에게 '하늘의 입법자'라는 명성을 안겨주었다.

1611년, 즉 해리엇의 편지를 받고 수 년이 지난 뒤 케플러는 「육각형 눈송이에 관하여(On the Six-Cornered Snowflake)」라는 논문을 발표했다. 이 논문에서 케플러는 눈송이가 왜 육각형인지 설명하고 벌집 구조와 석류 열매가 십이면체인 이유 등을 탐구했다. 이는 기하에서 출발해 자연을 연구한 최초의 논문이다. 케플러는 눈송이가 육각형인 것은 원반 하나가 똑같은 원반과 최대 6개까지 접할 수 있고, 정육각형은 평면으로 평평하게 펼 수 있기 때문이라고 생각했다.

육각형 눈

케플러는 이 논문에서 유명한 추측을 제기했다.

케플러의 추측
한 용기 안에 똑같은 공을 쌓아 얻을 수 있는 최대밀도는 $\pi/\sqrt{18}$ 다.

케플러는 다음과 같이 공 쌓는 방법을 설명했다. 한 변의 길이가 2인 정육면체는 부피가 8이다. 정육면체의 모든 꼭짓점 8개와 모든 면 6개의 중심을 구심으로 하고 $\sqrt{2}/2$를 반지름으로 하는 구체 14개를 만든다. 피타고라스 정리와 모든 면의 대각선 길이가 $2\sqrt{2}$라는 데서 알 수 있듯 모든 면 가운데의 구체는 그 면 첨각 위의 구체 4개와 접촉한다.

이 정육면체 안에서 구체가 차지하는 부피는 구체 4개의 부피(각 8개에 모두 구체 8분의 1개가 있고, 면 6개에 모두 구체 2분의 1개가 있다)와 같다. 따라서 밀도는 아래와 같다.

$$\frac{4\left(\frac{4}{3}\pi\left(\frac{\sqrt{2}}{2}\right)^3\right)}{2} = \frac{\pi}{\sqrt{18}} = 0.740\ 480\cdots\cdots$$

위 방법에서는 정육면체 안에 완전한 공이 없다. 그러나 공을 큰 상자로 바꿔 생각해보면 이들 정육면체를 기본 단위로 해서 상자를 가득 채울 때 불완전한 구체의 부피는 중간에 있는 완전한 구체 여러 개의 부피에 비해 작다. 같은 원리로 상자 모양 역시 밀도에 영향을 주지 않는다. 그렇지만 케플러 추측의 충분성은 실증하기 어렵다.

1831년 '수학의 왕자' 가우스는 케플러의 추측이 '격점형(格點型)'인 특수한 상황에서 성립한다는 것을 증명했다. 격점형이란 좌표에 표시했을 때 모든 구심이 좌표와 짝수 정점 위에 있는 것을 말한다. 1900년 독일 수학자 다비트 힐베르트(David Hilbert, 1862~1943)는 파리 세계 수학자 대회에서 해결해야 할 문제 23개를 제시했는데, 그중 18번째 문제의 제3부분은 공 쌓기 문제와 관련이 있다.

그 후 많은 수학자가 스스로 케플러의 추측을 증명했다고 여겨 결과물을 발표했으나 만장일치로 인정받지는 못했다. 그러다가 2005년 미국 《수학연간(Annals of Mathematics)》에서 120쪽에 달하는 논문을 발표해 케플러의 추측이 증명되었다고 선포했다. 이 논문을 쓴 사람은 미국 수학자 토머스 헤일스(Thomas Callister Hales, 1958~)였는데, 그는 유명한 랭글랜즈 프로그램(Langlands program)의 문제를 해결하는 데 있어서도 중대한 공헌을 했다.

헤일스는 '공 쌓기 문제'를 5,000여 개로 상황을 나눈 다음 선형계획 문제 10만여 개를 고려했다. 그의 컴퓨터 프로그램은 2년간 운영되었는데 이는 1976년 4색 정리(Four color theorem) 문제를 증명하는 것보다 더 복잡했다. 분명한 것은 기하학자의 절대다수가 컴퓨터 프로그램을 잘 몰랐고 컴퓨터 전문가들은 심오한 기하학을 이해하기 힘들어했다는 점이다. 논문 심사를 맡은 책임자조차 이 논문의 정확성을 99퍼센트밖에 확신하지 못했음을 인정했다. 이를 감안해 (페르마 대정리를 기대하는 것처럼) 앞으로 더 간결하고 효과적인 증명 방법이 등장하리라 기대해본다.

이 책의 내용은 세 부분으로 나뉘어 있다.

Ⅰ편에서는 일곱 가지 이야기를 다뤘다. '황금분할과 오각별 이야기'를 제외한 나머지 글은 모두 동서양의 전기적 이야기를 서로 융합하고 끼워 넣은 것이다. 여기서 다루는 수학문제 중에는 순수 수학과 응용수학에 해당하는 것도 있고 수학 개념과 수학의 미를 구현한 것도 있다. 이것은 전반적으로 인간 생활의 각 부분과 관련되어 있다.

Ⅱ편에서는 수학자 10여 명과 관련된 여덟 가지 이야기를 다뤘다. 중동인과 서양인이 각 절반씩 차지하는데 그들이 살았던 지역의 이념과 출신, 신분은 모두 제각각이다.

Ⅲ편에서는 역사가 오래된 다섯 가지 수학문제와 방법을 소개했다. 이들 문제는 대부분 알기 쉬우면서도 어느 정도 깊이가 있어 미해결 수학 난제와 가설을 남겼다. 그중 완전수 문제(미래 지향적인 '4대 수학 난제' 중 으뜸으로 여겨진다)와 가쿠타니 추측은 앞으로 더 연구해야 할 부분이다.

각 부분에서 소개한 이야기는 모두 고대부터 현재까지 이어져 내려오는 것으로 역사적 시각과 관찰을 담고 있다. 지리적인 이야기의 발생지는 유럽, 아시아, 아프리카, 미주까지 무척 넓은 범위를 다루었다. 이 책에서 다루는 수학 분과는 수론, 대수학, 기하, 분석, 확률, 통계, 암호학, 예술학을 포괄한다.

다른 저서와 마찬가지로 이 책 역시 가족이나 친구와 함께 공유하고 읽기에 적합하다. 이 책을 다 쓰고 나니 새로운 인물과 이야기가 또다시 내 머리를 스치고 지나간다. 오래지 않아 III편만 따로 내용을 보강해 책을 만들지도 모르겠다. 여러분의 소중한 고견을 기대한다.

세계사가 재미있어지는
20가지 수학 이야기

1판 1쇄 발행 2021년 2월 15일
1판 3쇄 발행 2021년 11월 22일

지은이 차이톈신
옮긴이 박소정
펴낸이 이재두
펴낸곳 사람과나무사이
등록번호 2014년 9월 23일(제2014-000177호)
주소 경기도 고양시 일산서구 강선로 142, 1701동 302호
전화 (031) 815-7176 **팩스** (031) 601-6181
이메일 saram_namu@naver.com
디자인 박대성

ISBN 979-11-88635-42-9 03900